世界政區圖

1. 盧森堡
2. 斯洛維尼亞
3. 克羅埃西亞
4. 波士尼亞
5. 塞爾維亞
6. 蒙特內哥羅
7. 科索沃
8. 阿爾巴尼亞
9. 馬其頓
10. 安道爾
11. 聖馬利諾
12. 摩納哥
13. 列支敦斯登
14. 馬爾他
15. 教廷
與賽普勒斯維納

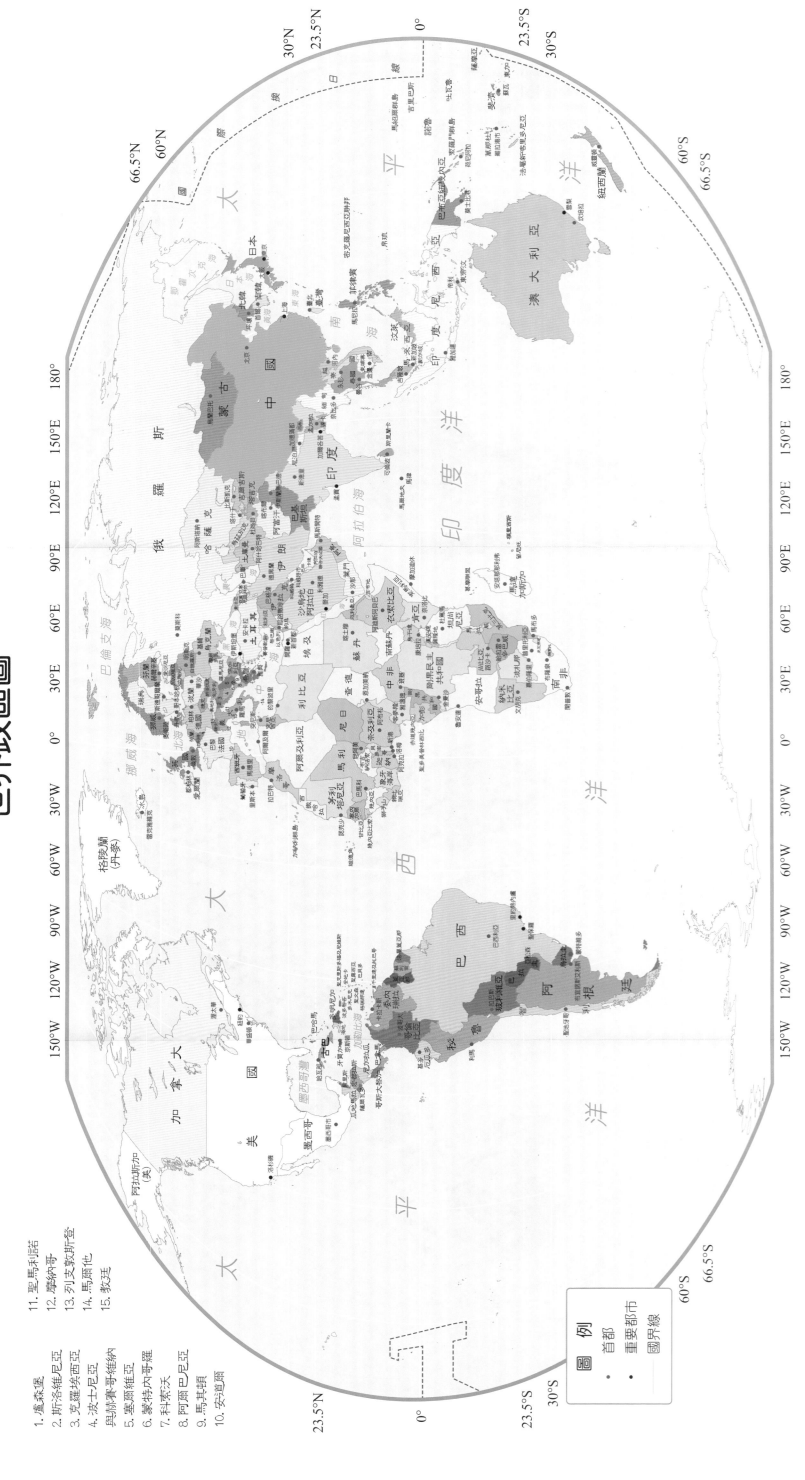

圖 例
首都 ·
重要都市 ·
國界線 ———

世界地形圖

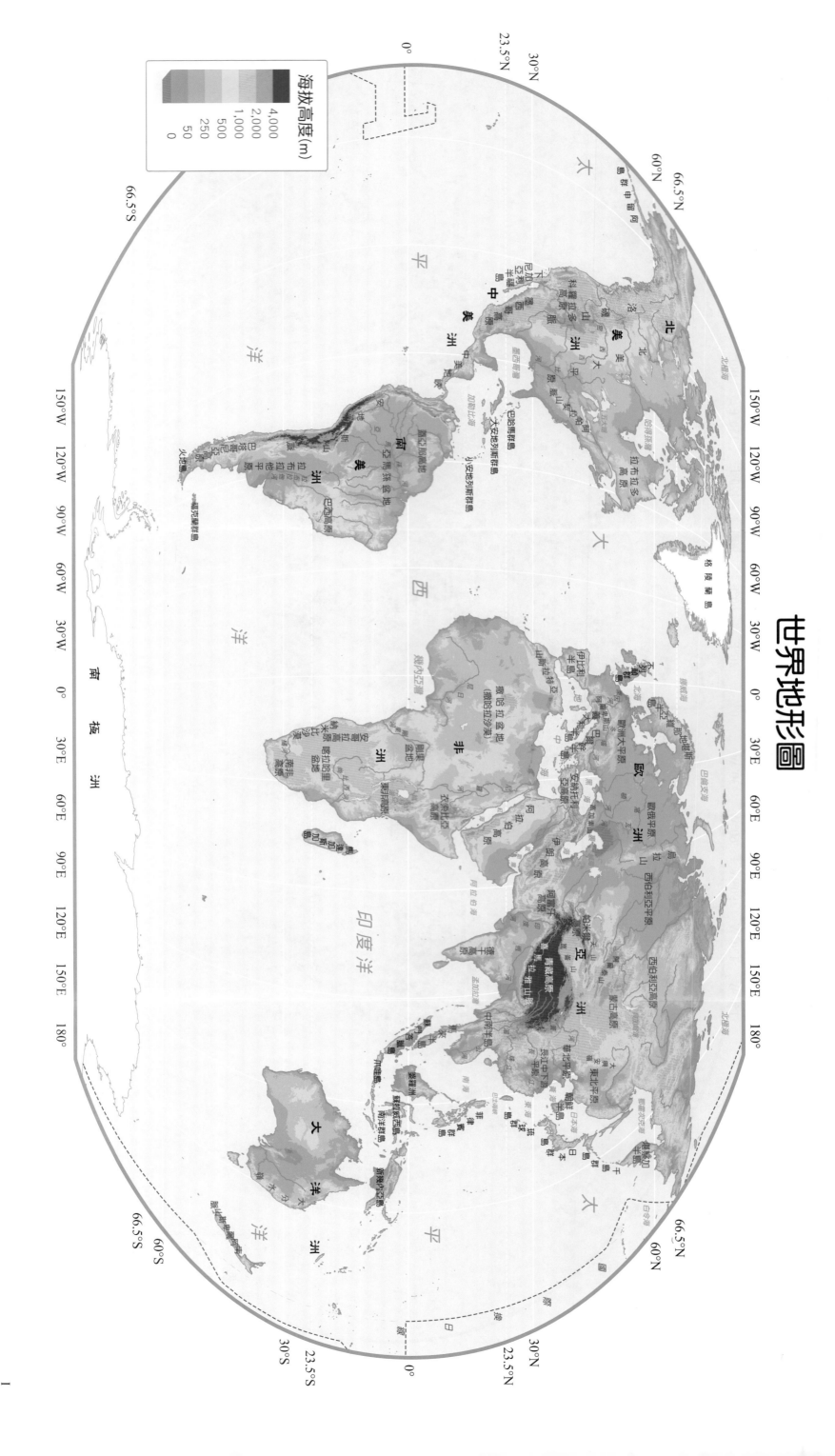

海拔高度(m)

4,000
2,000
1,000
500
250
50
0

區域地理

主編 / 蘇淑娟

美國路易斯安那大學地理與人類學系博士
國立臺灣師範大學地理學系教授

編著 / 林芳瑜

國立臺灣大學地理環境資源學系碩士
國立臺中家商地理教師

陳凱荻

國立高雄師範大學地理學系教學碩士
國立南投高商地理教師

鄭俊彥

國立臺灣師範大學地理學系教學碩士
國立羅東高商地理教師

GEOGRAPHY

東大圖書公司

地理 (區域地理)

主　　　編	蘇淑娟
編 著 者	林芳瑜　陳凱荻　鄭俊彥
發 行 人	劉仲傑
出 版 者	東大圖書股份有限公司
地　　　址	臺北市復興北路 386 號 (復北門市)
	臺北市重慶南路一段 61 號 (重南門市)
電　　　話	(02)25006600
網　　　址	三民網路書店 https://www.sanmin.com.tw
出版日期	初版　2013 年 8 月
	再版三刷　2019 年 8 月
	修訂三版一刷　2022 年 8 月
書籍編號	E660362
I S B N	978-626-307-061-5

編輯大意

1. 本書旨在協助學生認識全球各區域地理的重要性，內容包含臺灣、中國、東亞、東南亞、南亞、西亞、歐洲、國協、北美洲、中南美洲、非洲、大洋洲等。

2. 本書文字敘述力求簡明流暢，結合生活化、時事化的素材，輔以豐富詳實的圖、表、照片，使內容生動活潑，提高學習興趣。

3. 本書於課文中附有「關鍵特搜」與「饕客筆記」單元，提供名詞解釋、議題延伸等相關資訊的補充。

4. 本書配合章節內容附有「牛刀小試」，內容設計綜合隨堂評量及開放性、活動性的練習題，並導入生活議題，提供學生多元思考與動手操作的機會，以增進地理常識。

5. 本書配合區域主題，以地理觀點結合各地飲食文化，編寫成「寰宇食堂」，使內容豐富有趣，延伸學習層面。

6. 書中重要概念均以**粗圓體**標示，醒目清楚，具有輔助學習效果。

7. 本書所用度量衡及氣溫、降水量等單位，均採國際標準制。

8. 本書力求嚴謹，然若有未善之處，敬祈各方先進不吝賜正，以作為修訂之參考。

目次

Contents

Delicious

Delicious

臺灣的位置與環境特色

↓ 嘉南平原為臺灣的糧倉之一

第一節 臺灣的位置與自然環境

臺灣位於東亞島弧中樞（圖 1-1），東臨太平洋，西隔臺灣海峽與中國相望；北以東海與日本相鄰，往南越過巴士海峽則是菲律賓。在地理位置上，為東亞南北往來的重要通道，也是海陸進出的核心，造就臺灣成為國際貿易的重要基地。位處多種地理區交界的臺灣，不論是在自然或人文景觀上，都展現出明顯的**過渡性**及**多樣性**。

一 臺灣的自然環境

豐富的地形景觀（圖 1-2），加上季風氣候的影響，形成多元的自然環境，一年四季展現不同的風貌，描繪出美麗的寶島。

㈠豐富多元的地形

臺灣在歐亞板塊及菲律賓海板塊的擠壓下，形塑出眾多**新褶曲山脈**，3,000 公尺以上的高山多達 200 多座，其中以玉山海拔 3,952 公尺為最高峰。本島主幹為中央山脈，由蘇澳往南至恆春半島；雪山山脈位於本島北部；阿里山山脈位於玉山西側；島的最東側則為屬於**菲律賓海板塊**的海岸山脈。山脈多為南北走向，而河川則為東西向，具有短小流急、坡度大及洪枯懸殊的特徵。在內外營力彼此作用下，臺灣地形呈現動態平衡與多元樣貌。

山脈邊緣多為淺山丘陵與臺地，而盆地則夾雜其間。河川沖積出許多沖積扇與平原，成為人口聚集、產業發展的精華區。

海岸地形景觀豐富，如北部多**岬灣海岸**；東部則因**斷層**作用形成海崖；西部因河川沖積以**洲潟海岸**為主；南部則有豐富的**珊瑚礁海岸**。

關鍵特搜

東亞島弧

歐亞板塊及太平洋板塊碰撞後，在西太平洋出現一系列弧狀島弧。由於島群排列如花綵一般，故又名花綵列島。臺灣因位處此島弧的中樞，戰略位置格外重要。

↑ 圖 1-1 臺灣的海陸位置圖

① 臺北盆地

⑧ 野柳岬

② 桃園臺地

⑦ 蘭陽平原

③ 澎湖玄武岩

⑥ 石梯坪

④ 玉山山脈

⑤ 墾丁海岸

主要地形區
- 山地
- 臺地
- 丘陵
- 盆地
- 平原

臺北盆地
林口臺地
桃園臺地
大肚臺地
臺中盆地
八卦臺地
雪山山脈
蘭陽平原
竹苗丘陵
中央山脈
埔里盆地
花東縱谷平原
海岸山脈
嘉南平原
阿里山山脈
玉山山脈
泰源盆地
屏東平原

→ 圖 1-2 臺灣的地形景觀

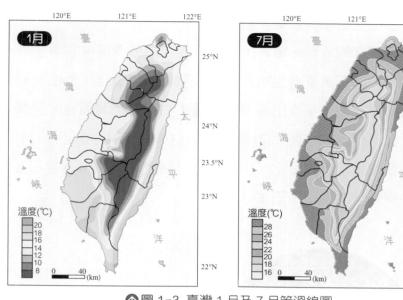

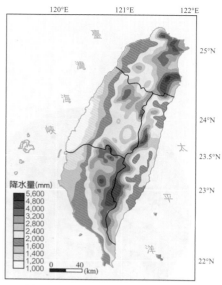

↑ 圖 1-3 臺灣 1 月及 7 月等溫線圖　　↑ 圖 1-4 臺灣年降水量分布圖

㈡溫暖溼潤的氣候

　　臺灣位於大範圍海陸的交界，**季風氣候**顯著，北回歸線橫貫嘉義縣市、高雄市、南投縣與花蓮縣（照片 1-1），以南屬熱帶季風氣候，以北則為副熱帶季風氣候。

　　氣溫方面，年均溫約在 20°C 以上，冬季南北溫差較大（圖 1-3）；降水方面，臺灣深受季風**風向**與**地形**的影響，在時空分配上，夏季受西南季風及颱風影響，為主要的雨季；而冬季東北季風為北部帶來降水，位於背風側的中南部則乾燥少雨。5、6 月的梅雨也是臺灣重要的降水來源。整體而言，降水空間山地多於平地、北部多於南部、東岸多於西岸，而澎湖群島因地勢低平，為全國降水量最少的地區（圖 1-4）。

　　每年夏、秋之際的颱風，豐沛降水帶來洪患，造成人們生命、財產的危害，加上地質脆弱、地震頻仍，容易引發坡地災害，如 1999 年 921 地震、2009 年莫拉克颱風，都造成嚴重的災情。

↓ 照片 1-1 花蓮瑞穗鄉的北回歸線紀念碑

(三)多樣的生物資源與景觀

　　豐富的地形、氣候、海陸交界及島弧中樞位置等因素交互影響下，臺灣生物的種類及數量相當豐富，且由於海島的孤立性，孕育出許多**特有種**生物，如臺灣獼猴、臺灣黑熊、櫻花鉤吻鮭、臺灣冷杉等。山區因高度變化大，生物景觀呈現垂直變化，由低到高分別有熱帶、副熱帶、溫帶到寒帶的特性（圖1-5）。

▲ 櫻花鉤吻鮭

▲ 玉山杜鵑

◀ 圖 1-5 臺灣豐富的生態

▲ 臺灣藍鵲

▲ 臺灣獼猴

▲ 臺灣橙翠灰蝶

◀ 臺灣黑熊

玉山 3,952m

亞高山針葉林

冷溫帶針葉林

阿里山

針闊葉混合林

暖溫帶闊葉林

副熱帶闊葉林

第二節　臺灣的人文特色

　　臺灣的多元樣貌不僅展現在自然環境上，歷史上各族群的交流，也豐富了人文活動的色彩。

一　多元的族群

　　南島語系的原住民是臺灣最早的族群（圖 1–6），可分為高山族及平埔族，各族因其與環境的互動產生不同的文化特色，如達悟族的飛魚祭、排灣族、魯凱族的百步蛇圖騰等（照片 1–2）。

　　十七世紀自中國福建、廣東移入許多漢人，成為臺灣最主要的閩、客族群；二次大戰後，另一群與政府共同遷臺的漢人則為現今的**外省族群**；加上近年外籍勞工及新移民配偶的移入，讓臺灣的族群更加多元。

↑圖 1–6　臺灣原住民 16 族分布圖

饕客筆記

達悟族

　　達悟族是臺灣唯一位於離島的原住民族群，分布於臺東外海的蘭嶼。捕魚為其主要的產業，拼板舟（照片 1–3）與飛魚構成當地獨有的景觀，每年的飛魚祭，為達悟族重要的祭典。

　　蘭嶼無廣大平原，多以芋頭等為主食。半穴居為其建築模式，隨處可見的發呆亭（涼亭）亦為當地建築特色。隨著現代化的傳入，許多傳統文化漸漸沒落，「丁字褲」等傳統服飾也僅見於老一輩的族人或是重大祭典中才得以目睹。

　　蘭嶼大部分資源都仰賴自臺灣本島補給。夏季颱風侵襲，迫使船隻停航，往往使得蘭嶼人生活頓失援助。1974 年起，台電將核廢料存放至蘭嶼，雖獲得補助金，但至今仍是蘭嶼人極力想擺脫的最大包袱。

↑照片 1–2　排灣族百步蛇圖騰
←照片 1–3　達悟族拼板舟

多樣的人文景觀

除了各種族群生活在臺灣，展現了各式的文化景觀，臺灣也因位於貿易要地，歷史上常成為外來政權的覬覦之地，如早年的西班牙、荷蘭及影響臺灣至深的日本政權，都為臺灣增添不同風貌（圖 1-7）。

臺中日治時期刑務所演武場，經修復整建後，成為文化、教育及展示空間。

臺北清真寺，為臺灣穆斯林重要禮拜場所，1960 年由臺灣和沙烏地阿拉伯共同籌募興建。

臺南赤崁樓的前身為 1653 年荷治時期興建之普羅民遮城，帶有歐式風格，曾是全島統治中心，至清代已傾圮，僅留部分殘跡。

提供新住民代購代辦的服務處所成為重要的交流場所。

外籍配偶在臺開設的小吃店，充滿家鄉味。

屏東萬金聖母聖殿，為現存天主教在臺最古老的教堂之一，早年基督宗教多在原住民部落進行傳教。

蘭嶼達悟族以捕魚為主要產業，飛魚是重要的物產，通常會曬乾、儲存，成為重要食材，每年會舉辦飛魚祭，為達悟族重要的祭典儀式。

↑ 圖 1-7 多樣的人文景觀

✕ 牛|刀|小|試 1-1

臺灣的地名

臺灣許多的地名取材自當地的自然環境、歷史發展以及產業活動，因此有時從地名就可以看出該地發展的早晚，也更進一步了解當地的環境特色。試查詢看看，將下列的地名與其命名的原因配對：

（A）蘇澳　　　（B）六張犁　　　（C）崙背　　　（D）西湖　　　（E）北投
（F）紅毛城　　（G）坪林　　　　（H）官田　　　（I）高雄　　　（J）玉里
（K）池上　　　（L）五結　　　　（M）牡丹　　　（N）中壢　　　（O）三貂角

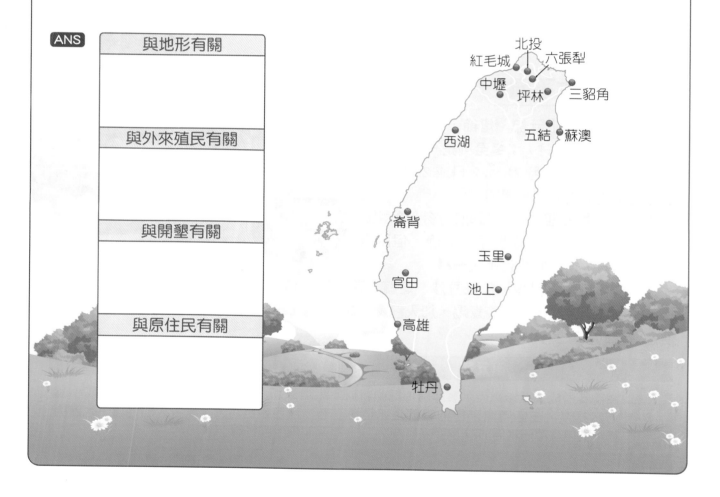

ANS

與地形有關
與外來殖民有關
與開墾有關
與原住民有關

節慶的傳統美食

臺灣的時令節慶除了依農業所需的 24 節氣，也依不同文化、族群而更加豐富，反映在第的節俗樣貌。農家往往透過飲食來慶祝節日，也因此產生許多應景的美食。

節令	應景食物	節令	應景食物
春節	年糕、發糕、蘿蔔糕	中秋節	月餅、柚子
元宵節	元宵	重陽節	重陽糕、菊花酒
清明節	潤餅、草仔粿	臘八節	臘八粥
端午節	粽子、雄黃酒	冬至	湯圓

元宵湯圓大不同

元宵節又稱上元節、燈節，是一年中第一個滿月日（農曆 1 月 15 日）；冬至則是一年中夜晚最長的一天，接近年關（12 月 21、22 日或 23 日）。兩個日子的應景美食即是元宵、湯圓。

元宵和湯圓的外觀相似，都取其形狀象徵團圓、圓滿，冬至吃湯圓也象徵添歲。但兩者的作法不同，食用方式也不大一樣。

兩者多以甜湯呈現，包紅豆沙、芝麻、花生等餡料；湯圓更多了鹹的口味：以蝦米、紅蔥頭、香菇、瘦肉爆香後煮湯，加入包裹鮮肉餡的鹹湯圓或小湯圓，用芹菜、油蔥提味，便是傳統的客家美食。

	滾元宵	搓圓仔
做法	將餡料捏成丸狀後冰硬，製作時，把餡料球沾水打濕，在盛滿糯米粉的竹篩上來回滾動，之後重覆沾水再沾粉。	將糯米粉揉製成糯米糰，並分開搓成小圓粒，或包裹餡料後搓成較大的湯圓，大湯圓又叫做「圓仔母」。
口味	只有甜的餡料，口感較綿軟。	有無餡的小湯圓、甜湯圓、鹹湯圓，皮較有嚼勁。

南北粽藝大比拼

農曆 5 月 5 日的重五日是端午節，又稱「端陽」，應景美食——粽子，早在戰國時代便已出現。由於包粽和「包中」讀音相近，考生也常包粽子、吃粽子，祈求金榜題名。

臺灣粽子的樣式多成三角錐狀，依口味和烹調方式可約略區分為甜粽、南部粽和北部粽。甜粽以鹼粽最為特殊。鹼粽又稱粳粽，米粒破碎呈凍狀，口感和粿較相似，多吃冷、冰鎮過的；本身沒有味道，一般不包餡，沾白糖食用。

北部粽擷取「油飯」的優點，以炒熟或蒸熟的糯米拌炒配料，包入粽葉蒸煮，口味鹹香，口感較硬；南部粽則包入生糯米和熟配料，經長時間水煮，特色是較不油膩、散發粽葉的清香，食用時會再淋上醬汁增添風味。

	北部粽	南部粽
做法	糯米先蒸熟或炒至半熟，加入熟餡料後再次拌炒、調味，包入粽葉蒸煮。有時以桂竹筍殼代替竹葉。	以未調味的生米包裹炒過的餡料，再用水煮至熟透。有些地區以月桃葉、野薑葉代替竹葉。
口味	米粒經辛香料調味，鹹香可口，口味較重。	粽子混合葉子的清香和餡料的原味，也常配甜辣醬和花生粉，增加調味與口感。

賞 同一片月光

中秋節是另一個闔家團圓的日子，近年來臺灣流行在中秋夜聚會烤肉，成為新的「應景」活動，但仍不免買些月餅饋贈親友。農曆 8 月 15 日是秋季第二個滿月時節，古稱「仲秋」或中節。

月餅是漢人社會的傳統節慶美食，各地都發展了不同口味，在臺灣最常見的是「廣（港）式月餅」，深棕色的餅皮和偏甜的內餡幾乎成為月餅的代名詞；但「臺式月餅」也相當美味，最有名的綠豆凸、蛋黃酥更是深受大家喜愛，平日也都可以吃到。

兩者的差別最主要在於餅皮，廣式月餅顏色較深較為油亮，皮薄，口感較為油潤；臺式月餅的餅皮以油酥皮作成，吃起來皮酥不油，鬆軟爽口。

	廣（港）式月餅	臺式月餅
做法	使用漿皮，外觀油亮、顏色較深，上方多以刻模印上商家名或是口味。	使用油酥皮，餅皮薄且層次分明，多為淺色，多灑芝麻、堅果等，或劃記紅點標示口味。
口味	皮薄餡多，油脂含量較高，口感甜軟，入口即化。有棗泥、蓮蓉、豆沙、伍仁等口味，以白蓮蓉最受歡迎。	綠豆凸的內餡以綠豆沙、白豆沙為主，口感綿密清爽，也發展出加入滷肉的口味；蛋黃酥則以紅豆沙配蛋黃最為經典。

Chapter 2

臺灣的產業

⬇ 座落於臺北中心商業區的101大樓

臺灣的農、工業在日治時期奠下良好的基礎，但歷經二次大戰的摧殘，產業與民生經濟遭受嚴重破壞。二次大戰之後，政府透過一連串產業發展政策，使臺灣經濟步上正軌，服務業也隨之蓬勃，創造傲人的「**經濟奇蹟**」。今日，全球貿易快速發展，臺灣必須找到自己的路來面對國際的競爭。

第一節 臺灣農業的發展與轉型

臺灣農業發展過程中，政策引導及各級農業組織扮演了重要的角色。然而隨著全球化衝擊，農業發展趨緩，在這過程中，農民面對挑戰，創造出臺灣農業的新契機。

一 從艱苦環境中振作的農業

歷經二次大戰的摧殘，農田及農業設施受到破壞，嚴重影響臺灣農業生產，糧食產量不足使得糧價居高不下，造成民生困頓。在國家經濟搖搖欲墜的情況下，政府推動**農村土地改革**，逐步提高自耕農比例，帶動農業振興。自給有餘後，政府進而透過農產品外銷賺取外匯（照片2-1），成為日後工業發展的基礎。

↑照片 2-1　香蕉為 1950 年代重要出口農產品

 關鍵特搜

農村土地改革

臺灣光復初期國民政府為了解決糧食不足所引發的高糧價，以及佃農比例太高等狀況，擬定農村土地改革計畫以提高糧食產量。1949 年國民政府推出「三七五減租」，提高農民租額至 62.5%，增加農民收入。1951 年推出「公地放領」，釋出政府公有土地扶助自耕農。1953 年推出「耕者有其田」政策，將徵收之部分私人田地轉售給農民，提高自耕農比例。

為了提高農業競爭力，政府透過農會、水利會及農業試驗所等單位協助農民，例如農會提供貸款、生產輔導；此外也設立產銷合作社，組織農民共同生產等，在農業發展歷程中都扮演重要的角色。

農業發展的內外挑戰與轉機

(一)臺灣農業發展的挑戰

臺灣農業在政策推動及各級農業組織協助下逐漸發展，但是到 1960 年代卻因國內外經濟環境轉變而出現挑戰，其轉變包含：

1. **農業人口老化**：因為工商業快速成長。大量農村青壯勞動力轉往工業部門，使得農業勞動人口老化。
2. **飲食習慣改變**：國人所得提高後，飲食型態也日趨多元，米食不盡然是飯桌上的主角，使得稻米供過於求。
3. **農業所得偏低**：農產品平均價格不高，使得農民收入相對於工商從業人員偏低，加上物價成長壓力，農民生活品質難以提升。

(二)臺灣農業發展的轉機

為了幫助農民提高收入，政府鼓勵稻田轉作價格較高的作物，並協助農民建立品牌，提高農產品價格。但是 2002 年臺灣加入**世界貿易組織** (WTO) 之後，逐步開放農產品進口及降低關稅，面對外國廉價農產品（照片 2-2）的競爭，農業面臨極大的壓力。另一方面，農業土地因工商業的需求逐漸消失或破碎，例如 2010 年苗栗竹南大埔農地被強制徵收作為工業用地，使得珍貴的良田遭受破壞。

為了提升農業競爭力，農民必須致力於提高農產品**附加價值**、開拓國內外市場，主要的發展模式有：發展**精緻農業**、經營**生態農業**、轉型**休閒農業**等。

饕客筆記

壞收成望下季

在農業發展過程中，雖然自耕農比例增加，但農民仍過著辛苦的生活。臺灣鄉土文學作家吳晟在其著作壞收成望下季中提到自家稻作因為颱風天災而歉收，且批發價格也不好。在文章中透露出臺灣農民在當時艱困環境中表現出勤勞及認命感。

↑照片 2-2 外國進口水果對國產水果銷售造成壓力

1. 發展精緻農業

　　發展精緻農業可以透過品種改良，生產出獨特且高利潤的農產品，例如屏東林邊鄉的黑金剛蓮霧。此外，也有農民透過包裝、行銷的方式來增加農產品價值，例如花蓮一位年輕的農夫在部落格以獨樹一格的逗趣圖文吸引許多消費者的目光，更將自產稻米開發為結婚或彌月商品，顛覆傳統農業落伍的印象，也成為農業創新的案例之一。

　　為了讓食品安全從源頭就能進行嚴格把關，同時降低農藥、肥料不當使用對土地造成的負荷，政府積極推動農業**產銷履歷政策**，制定農業生產規範，形成一套監管措施（照片 2-3），以保障消費者的飲食安全，農民也因為有這樣的認證而得到消費者的青睞，共創雙贏的局面。

2. 經營生態農業

　　有些農夫為了增加農業生產，使用了大量的農藥、肥料及除草劑等化學物質，但這些物質卻對環境產生汙染。為了讓環境得以永續利用，加上國人對食材的安全日益重視，臺灣逐漸興起一股有機及無毒農業風潮，如利用生物防治方法取代化學農藥（照片 2-4）。

關鍵特搜

產銷履歷的優點

　　產銷履歷可讓消費者監督生產者的耕作與施作，降低食品衛生和安全的風險；也可以讓認證標籤和生產資訊同時比對，增加資訊透明度及正確性，並增加作物的經營管理效率。

⬆照片 2-3 臺灣部分農產品可透過產銷履歷網站追蹤生產者及生產流程

⬇照片 2-4 合鴨農法。合鴨守護水稻，成為互利共生體系

農夫市集

　　臺灣近年興起的農夫市集（照片 2-5）是一種提供生產者與消費者面對面的產銷空間，如大臺北地區的 248 農學市集及臺中的合樸農學市集等。由農夫販售自己的農產品，省掉中間層層轉售的成本，同時提供消費者資訊並取得信任；更能減少運輸距離所產生的排碳，即減少食物里程。

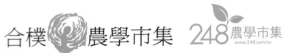

⬆照片 2-5 位於新北市的農夫市集

3.轉型休閒農業

　　由於經濟成長以及週休二日實施後休閒時間增加，國人對休閒旅遊需求也隨之提高，部分農業開始轉型成為觀光農場、牧場（照片 2-6）或民宿（照片 2-7），一方面創造新的工作機會，也得以發展在地文化，改善農村的經濟與生活環境。

4.推展出口外銷

　　臺灣曾是香蕉、鰻魚等農漁產品的出口大國，卻因為人力成本等因素，將市場拱手讓給中國及東南亞。近年來臺灣有些農產品力圖振作，例如種植在高屏地區的毛豆，幾位農民合租台糖公司土地，採大農場機械化耕作（照片 2-8），有效擴大生產規模，也利用新品種「高雄九號」及耕作流程的管理，種出品質精良的毛豆。由於農民的努力，讓臺灣毛豆得以外銷日本、歐美及澳洲等國。

⬆照片 2-6 由畜牧業轉型為觀光產業的飛牛牧場

⬆照片 2-7 臺南七股水上探更寮。探更寮原為夜間巡守魚塭而建，現也成為漁村特有的住宿體驗

⬇照片 2-8 屏東里港的毛豆田

第二節　臺灣工業的發展與轉型

臺灣工業透過政策引導，從**進口替代**到**出口擴張**，逐漸成長茁壯，1972 年臺灣工業人口超越農業，正式進入**工業化社會**。

一　工業發展時期（光復後至 1970 年代）

臺灣光復初期工業生產幾乎陷於停頓，也缺乏資金來發展工業，因此政府便採取「以農業培養工業策略」，利用出口農產品及農產加工產品賺取外匯（照片 2-9）。1950 年代政府一方面將外銷農產所賺外匯進口工業設備，另一方面運用美援資金及關稅等保護措施，使臺灣工業得以萌芽成長。這種發展國內民生工業，取代國外進口的發展策略稱為「進口替代」，如大同公司便是當時培植的企業。

臺灣雖然開始建立一些民生工業，但受限於國內市場太小，技術發展也不足，因此成長有限，政府便鼓勵企業將產品出口，稱為「出口擴張」。1960 年代，臺灣承接日本的勞力密集工業，並先後成立高雄、前鎮、楠梓及臺中潭子加工出口區，吸引眾多外國人投資設廠，創造許多就業機會。同時，政府也鼓勵農村發展**家庭手工業**，在農村的小型工廠讓勞動力得以就近進入工業部門，甚至在特定區域形成產業群聚現象，例如新北市泰山早期是美國美泰兒公司芭比娃娃的最大生產地。這些刻苦打拼、靈活具彈性的中小企業形成支撐臺灣經濟的螞蟻大軍，共同創造經濟成長的奇蹟。

↑照片 2-9　鳳梨罐頭加工廠。1960 年代洋菇、蘆筍與鳳梨堪稱為臺灣罐頭產品的「三罐王」

↑照片 2-10　政府在石油危機後設立於高雄的煉油廠

關鍵特搜

早期小企業的頭家娘

頭家娘是臺語老闆娘的意思，根據研究，1960 年代小型企業的頭家娘同時扮演多重角色，例如打雜、照顧家人、掌管財務及臨時加班人力支援等。頭家娘的付出成為安定小型企業的重要支撐力量。

↑照片 2-11 新竹科學園區是帶領臺灣產業升級的火車頭

↑照片 2-12 近年崛起的韓國電子業如三星電子（右）壓縮臺灣手機產業（左）的生存空間

二 工業轉型時期（1970 年代之後）

　　1973 年石油危機重創世界經濟，當時政府提出十大建設，鼓勵民間投資（照片 2-10），解決了失業問題，同時也帶動國內工業朝重化工業發展。

　　此時臺灣經濟快速成長，國內土地、工資上漲，環保法規也愈趨嚴格，這些因素使得許多低毛利、高汙染的產業愈來愈無法負擔日益增加的成本而出走。為避免產業空洞化危機，政府遂決定發展**技術與資本密集產業**，於 1980 年設立新竹科學工業園區（照片 2-11），使臺灣成為世界舉足輕重的資訊大國。此外，傳統產業也日益重視創新及設計，如紡織業除了研發機能性紡織品搶占高價市場，更推出平價的國民服飾，造就一股 MIT (Made In Taiwan) 熱銷風潮。

三 自由化與連鎖企業的挑戰

　　近年來臺灣因為許多大型企業開始朝多角化經營，加上跨國企業加入臺灣市場，使得資本額小、資金有限的中小企業，生存空間受到擠壓。另一方面，臺灣引以為傲的資訊科技業也面臨中國的人才挖角、韓國企業蠶食鯨吞國際市場的困境（照片 2-12）。面對這些危機，臺灣必須更積極轉型及開拓國際市場，以因應目前的挑戰。

饕客筆記

中國科技業對臺灣企業的併購與挖角

　　自 2010 年開始，中國政府大力扶持本土資訊產業，為了快速提升技術能力，一方面大舉挖角，同時積極併購或入股外國企業。例如 2012 年起華星光電（照片 2-13）與京東方網羅大批臺灣液晶面板研發人員；2015 年紫光集團入股臺灣力成、矽品及南茂三家晶片封測廠及記憶體大廠力成科技，還積極與手機晶片設計大廠聯發科聯繫入股的可能性。

↑照片 2-13 深圳華星光電廠

第三節　臺灣服務業的發展

服務業又稱第三級產業，包含了商業、服務及觀光等產業。

一 商 業

商業型態中，**零售業**是消費者最直接面對的，隨著國人所得提高及外國零售業的引進，類型也愈加豐富。臺灣零售業的類型可分為傳統零售店、連鎖商店及非實體零售等。

㈠傳統零售店的區位特性

傳統零售店是獨立經營的零售商店，常位於聚落中心或交通往來的要衝之地，提供民眾日用品，如雜貨店或五金行。早期在 1950、1960 年代也有移動式的零售商販，並無特定區位，而是穿梭於各村里之間銷售商品。此外，市集也是零售業的主要形態之一，攤商在人潮聚集的區域或街道販售蔬果、魚肉等生鮮食材（照片 2-14），如黃昏市場成為許多上班族下班之後採買食材的地點。

近年來臺灣傳統零售業逐漸不敵連鎖商店的競爭逐漸式微，如傳統雜貨店（柑仔店），成為緬懷過去生活經驗的印象（照片 2-15）。

↑照片 2-14　傳統市集也是重要的食材零售聚集地

↓照片 2-15　高雄小港機場內傳統的雜貨店。柑仔店逐漸式微，僅存於鄉間地區或成為觀光區的懷舊景點

㈡連鎖商店的區位與特性

連鎖商店是企業透過直營或開放加盟的零售商店,包括百貨公司、超級市場、便利商店以及量販店等。連鎖商店的廣告行銷、店面裝潢、擺設、進貨及銷售價格多由總部統籌。若店數愈多,則進貨成本愈低,而且還能要求進貨廠商不定期降價配合促銷,以增加商店的利潤。

便利商店規模較小,在商業區(照片 2-16)、住宅區、文教區、主要道路旁及風景區皆可看見便利商店的蹤影。為吸引更多消費者上門消費,便利商店不斷開發新的商品及服務,例如因應都市夜生活及三班制工作者需求,而提供 24 小時營業服務,另方面也為忙碌的現代人推出省時便利的便當及微波鮮食(照片 2-17、圖 2-1);超級市場為因應工商業發展之後,上班族及小家庭逐漸增加,提供了少量多樣的生鮮食材商品,所在的區位以住宅區為主。

↑照片 2-16 臺北車站附近的許昌街一景。臺灣便利商店密度世界第一

←照片 2-17 便利商店設立熱食區與生鮮區,與傳統零售商店競爭

↓圖 2-1 便利商店的營運生態圈

隨著雙薪家庭比例提高，許多消費者無法每天購買食材，家庭一次購足每週食物用品的需求也增加，因此商品種類更多的量販店應運而生。量販店（照片 2-18）的空間規模較超級市場更大，並需要更大的停車面積，受限於市中心地租昂貴，因此多分布在市區外圍。

㈢非實體零售業的特性

網路科技與物流的發達，使得零售的方式愈來愈豐富多元，如型錄、電視購物以及電子商務（照片 2-19）等運用媒體銷售的非實體零售業紛紛出籠。因為不需負擔店面租金及人事成本，並利用便利的物流中心（照片 2-20）降低運輸成本，因而壓低產品售價，提高產品競爭力。近年由於宅配的出現，使得消費者可以打破以往空間的限制，在網路上購買商品（照片 2-21）。藉由物流業者標準化作業程序，有效率地處理出貨流程，再加上便捷交通快速將商品送到消費者手上。

三 觀光業

觀光業是民眾離開居住地，從事觀光、遊覽及娛樂等活動，能夠帶動餐飲、旅館及交通等產業的發展，進而促進經濟成長。隨著所得提高及週休二日實施，國人愈來愈能夠利用閒暇時間進行觀光活動。臺灣擁有豐富的高山、海岸及生物等自然景觀；再加上融合多元文化的人文特色，吸引許多外國遊客來臺觀光旅遊，帶動觀光產業發展。

↑照片 2-18 量販店占地廣、商品多，可滿足消費者一次購足的需求

↑照片 2-19 網路購物逐漸成為重要的零售方式，占有一席之地

↑照片 2-21 網路上販售的商品，藉由便利的物流宅配可迅速送到消費者手上

↓照片 2-20 現今物流系統整合倉儲、定位送貨等，使購物更方便

🍃 第四節 臺灣的貿易發展

　　地狹人稠的臺灣，天然資源並不豐沛，貿易成為經濟發展的重要支柱，然而隨著臺灣產業結構的變化，進、出口產品類型也跟著有所不同。

一 臺灣主要進、出口貿易商品結構的改變

(一)出口產品結構轉變

　　戰後初期，交通、電力等基礎建設緩步恢復，外銷產品僅能以農產品或農產加工產品為主，其中又以米、糖、香蕉（照片 2-22）等為大宗。1976 年之後，輕工業快速發展，紡織品、電子產品以及塑膠製品逐漸取代農產品成為外銷主力。近幾年農產品（含加工）出口產值的比例都低於 2%，相反的工業產品產值都高占 97% 以上（圖 2-2），其中更以電子產品、資訊、面板（照片 2-23）、通訊等技術密集工業產品為外銷主力。

(二)進口產品結構轉變

　　臺灣工業原料、能源缺乏，進口比例始終高占六、七成（圖 2-2）。民生消費產品比例則因政府推動進口替代政策奏效而持續下降。資本設備的進口自 1950 年代開始提高，尤其是 1980 年代以後資訊產業生產設備進口更有明顯提升，與資訊產品出口的增加相互呼應，更印證了臺灣工業生產已朝向資本以及技術密級產業發展的趨勢（照片 2-24）。

↑照片 2-22 香蕉為昔日重要出口商品。日治至戰後初期由高雄港出口香蕉的香蕉碼頭，已改造為餐廳及紀念品觀光區

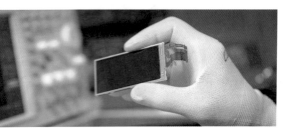

↑照片 2-23 液晶螢幕為近年臺灣重要出口產品

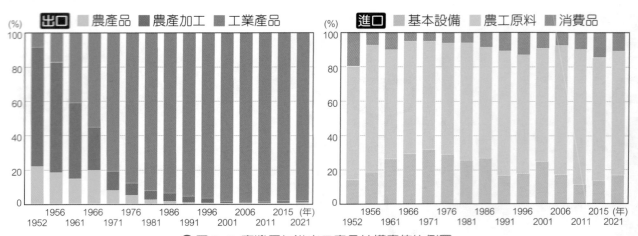

↑圖 2-2 臺灣歷年進出口產品結構產值比例圖

㈢進、出口貿易地區的轉變

臺灣從戰後到 1970 年代出口地區以日本為大宗，1970 年代之後因成為美國主要的**代工**基地，出口重心也逐漸轉移到美國。1978 年中國改革開放之後，臺灣許多製造業移往中國，其分工型態是從日本進口關鍵零組件，再運至中國，利用當地廉價勞力組裝後出口，中國成為臺灣主要產品及半成品的出口市場。在進口方面，戰後以來至 2013 年日本一直是臺灣最大的進口國，2013 年之後才被中國取代（圖 2–3、表 2–1）。

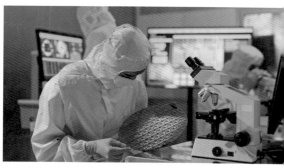

↑照片 2-24 臺灣 1980 年代之後朝著資訊科技產業發展

↓表 2-1 2021 年臺灣前十大貿易國家或地區進出口額

排名	國家或地區	進口額（億美元）	出口額（億美元）
1	中國	824	1,259
2	美國	391	656
3	日本	561	292
4	香港	17	629
5	韓國	306	201
6	新加坡	120	257
7	馬來西亞	117	133
8	德國	125	81
9	越南	61	139
10	澳洲	147	48

關鍵特搜

代工

代工是指代替品牌廠商生產產品，例如鴻海旗下的富士康，自己並沒有任何品牌產品，專門替蘋果、惠普等公司組裝手機、電腦或平板電腦等。

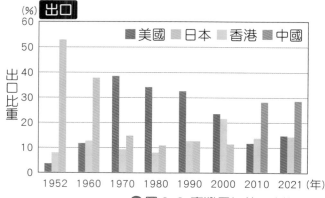

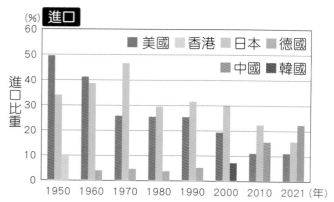

↑圖 2-3 臺灣歷年前三大進、出口地區貿易額占總貿易額比例的變遷

臺灣貿易的挑戰與轉機

臺灣的經濟發展與貿易有密切的關係，就區域貿易的角度來看，中國、歐洲及美國的經濟影響臺灣出口甚鉅。臺灣多數製造業以代工為主，長期缺乏關鍵技術與創新，使得廠商僅能在中國從事代工生產賺取微薄利潤，還得面臨勞動成本上升的壓力。2012 年上半年中國因歐債危機及美國經濟成長趨緩致使出口成長減緩，已對臺灣出口貿易造成影響，再加上原本出口到中國的資訊產品零組件也因為中國企業自主生產能力提高，進一步衝擊臺灣相關產品訂單。

未來臺灣要突破對外貿易的困境就必須**產業升級**，提升生產技術與產品品質。另一方面，多元拓展海外市場（照片 2-25）。如此一來，才有機會將更高品質、高水準的產品行銷到全世界，使 "Made In Taiwan" 的產品成為高級品的代名詞。

↑照片 2-25 臺灣企業為擴展外貿市場在烏克蘭參加商展

✕ 牛｜刀｜小｜試 2-1

臺灣精品拼外銷

下表為 2021 年臺灣前 20 大跨國企業品牌，請問有哪些企業生產的產品是臺灣最大宗的出口項目？

名次	品牌	公司名稱	品牌價值（億美元）	名次	品牌	公司名稱	品牌價值（億美元）
1	ASUS	華碩電腦	18.71	11	DELTA	台達電子	3.95
2	TREND MICRO	趨勢科技	18.43	12	中租控股	中租控股	3.87
3		旺旺集團	10.96	13	SYNNEX 聯強國際集團	強聯國際	3.55
4	GIANT	巨大機械	6.7	14	85℃	美食達人	3.14
5	ADVANTECH	研華科技	6.32	15	統一企業	統一企業	2.73
6	MEDIATEK	聯發科技	5.94	16	MAXXIS	正新橡膠	2.64
7	國泰金控 Cathay Financial Holdings	國泰金控	5.63	17	JOHNSON	喬山健康	2.14
8	acer	宏碁公司	5.36	18	msi	微星科技	1.72
9	中國信託金控 CTBC HOLDING	中信金控	5.22	19	CHLITINA	克麗緹娜	0.95
10	MERIDA	美利達工業	4.48	20	ADATA	威剛科技	0.86

牛|刀|小|試 2-2

臺灣的貿易發展

貿易在臺灣經濟扮演重要角色，2021 年臺灣出口受到外在因素影響而成長了 29.3%。就臺灣出口地區的結構來看，占臺灣出口比重最高的 ＿甲＿ 地區，有 22.9% 的增幅，主要是因為全球半導體產能吃緊，臺灣對該地區出口大量電子零組件。而近年崛起、臺商移往投資勞力密集產業的 ＿乙＿ 地區，增幅則來到了 32% 之多。

請你參閱下列地圖，將甲、乙答案填入正確代碼。

Chapter 3

臺灣的區域發展及特色

⬇ 花蓮六十石山金針花海

第一節　臺灣的區域劃分

　　臺灣現行的四大區域劃分方式（圖 3–1），源自於 1979 年臺灣地區綜合開發計畫，該計畫以鄰近的行政區為範圍，整合區域內的人口分布、土地結構、交通規劃、資產運用等作為區域發展的方向，但幾十年來未能有效達到區域均衡發展。

　　1996 年為確保國土資源永續利用，政府再度提出國土綜合開發計畫欲取代臺灣地區綜合開發計畫，以一心、二軸、三都市區域帶及地方生活圈的模式規劃出國土開發的空間架構（圖 3–2），以求有效管理國土，達到保育及開發並行，2015 年 12 月 18 日，國土計畫法正式完成三讀，法理地位建立，但內政部預計最快 2025 年才會全面落實。

　　本章以自然環境為劃分主體，將臺灣分為**高山地區、淺山丘陵區、平原盆地區、沿海地區和外圍離島區**等 5 區（圖 3–3），說明各區域的產業發展脈絡及特色，並了解環境所面臨的問題，以期望能真正達到國土保育的目標。

⬆ 圖 3-1　臺灣地區綜合開發計畫分區圖

⬆ 圖 3-2　國土綜合開發計畫分區圖

⬆ 圖 3-3　臺灣五大區域分布圖

第二節 區域發展特色及其問題

一 高山地區

高山地區（圖 3-4）包含中央、雪山、玉山及阿里山等 1,000 公尺以上的**新褶曲山地**。距離都市遙遠，交通不便，開發較為緩慢，蘊藏多樣的生態系統，動植物景觀豐富多元。

然而隨著經濟發展，高山地區過度開發，森林資源大量開採，改種果樹、高冷蔬菜，已經超過了環境負載力；且此區多為河川源頭，侵蝕作用旺盛，再加上臺灣位於板塊交界及颱風行經路徑，更易發生坡地災害。如莫拉克風災即造成當時的小林村（今為小林里）嚴重的災情。

國家公園（圖 3-5）及**保護區**為此處常見的生態保育方式，此區設立有玉山、太魯閣及雪霸國家公園，保存高

↓圖 3-4 高山地區

▼北大武山

▼奇萊山

▲松蘿湖

▲玉山

山動、植物，也保留獨特的地形景觀。此外，原住民的生活領域大多於此區，保留許多珍貴文化，而環境保育下如何與原住民的傳統生活達成平衡，亦成為此處發展所須關注的議題。

 關鍵特搜

環境影響評估

　　開發前必須對任何「開發行為」可能對環境造成的影響程度及範圍，進行各項科學客觀的調查、分析及評定，提出對於環境的管理計畫並公開說明。經過環保署審查通過後，始可開發，以避免開發後造成對環境無法彌補的傷害。

↑圖 3-5 臺灣國家公園分布圖

▼雪山圈谷　　　　　　　　　▼合歡山及松雪樓

▲太魯閣　　　　　　　　　▲嘉明湖

二 淺山丘陵區

淺山丘陵區（圖3-6）為位於山麓地勢低於1,000公尺的丘陵與臺地，臺灣的礦產多在此開發。此區也是山麓沖積扇的形成位置，經過板塊抬升、河川切割形成的臺地，地勢低平，多紅土覆蓋、富礫石層，也因如此，此區農業發展的水源取得不易，多仰賴水利灌溉。

人文發展方面，早期移民來臺的客家人多依原鄉生活方式，在淺山丘陵區進行農業開墾，因此在北部的竹苗丘陵，及南部的高屏丘陵大多能看見**客家文化**的特色。

↓圖3-6 淺山丘陵區　　　　　▼新北坪林茶園　　　　　▼花蓮富里金針花海

農業發展上，除了提供市區所需，地形條件適合種植茶樹、果園。近年在交通建設與市場導向的產業結構調整下，多轉成**觀光果園**及**休閒農場**，如竹苗、臺中淺山的休閒農場，成為都市居民假日旅遊的去處。

部分鄰近都市的淺山丘陵地，因都市土地趨於飽和，多成為開發新市鎮的主要地點，如臺北盆地邊緣的林口新市鎮。但此區多坡地，當開發成都市住宅後若未能作好維護，災害便隨之而來，如 1997 年臺北盆地旁的汐止山坡地，因溫妮颱風引發坡地災害，造成住宅大樓倒塌及多人傷亡。

▼臺中新社花卉農業

▼新竹丘陵休閒農場

▼高雄美濃紙傘

三 平原盆地區

　　此區包含河川下游的**氾濫平原**、河口的**三角洲**以及散落於丘陵、山地間的**盆地**，其中以西部一連串的平原最為廣大。因地勢平坦，交通發達等利於農業發展的條件下，此區開發最早、發展程度最高，是臺灣人口最密集的區域，成為臺灣發展的精華區（圖3–7）。

　　西南部平原因降水時空分布不均，早期便興建灌溉渠道以提高生產力，也奠定臺灣農業發展的基礎，如嘉南大圳的啟用，使得嘉南平原成為臺灣主要的糧食供應地之一；八堡圳的興建也深深影響彰化平原的開發。而東部的蘭陽平原及花東縱谷平原，因工業化程度較低，保存了良好的自然環境。

▼ 高屏平原的高雄市

▲ 臺北盆地

　　本區為臺灣最早進入**工業化**、**都市化**的區域，吸引大量人口往都市移入，形成**都會區**甚至**都會帶**，成為臺灣的經濟重心。但工業帶來的汙染、大量人口造成都市過度開發，都為環境帶來傷害。

 關鍵特搜

嘉南大圳

　　嘉南大圳是日治時期臺灣重要的水利設施，被稱為嘉南大圳之父的八田與一，經過 10 年的時間於 1930 年完成嘉南大圳，引用濁水溪及曾文溪的河水灌溉整片嘉南平原 15 萬公頃的農田（圖 3-8），為當時亞洲最大的水利設施。

↑ 圖 3-8 嘉南大圳圖

↓ 圖 3-7 平原盆地區

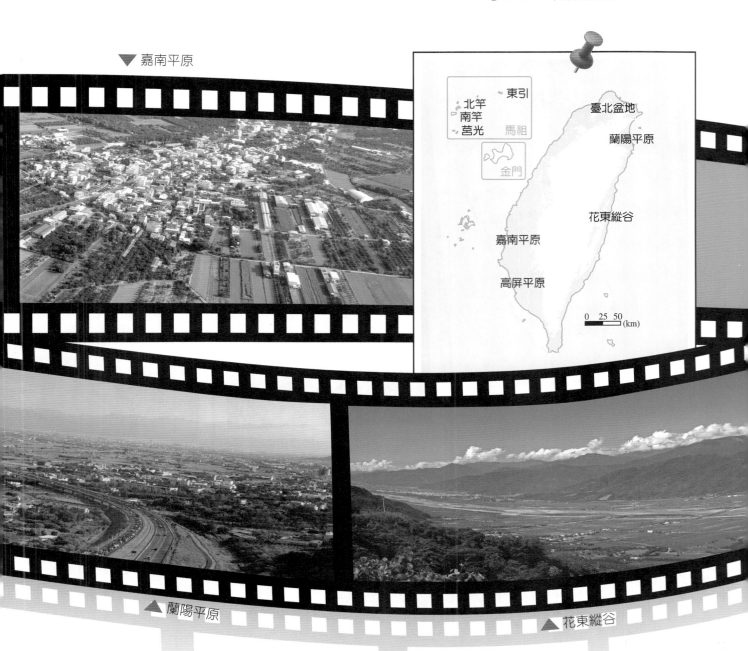

▼ 嘉南平原

▲ 蘭陽平原

▲ 花東縱谷

四 沿海地區

　　沿海地區（圖3-9）地勢低平，風勢強、土壤鹽分高，缺乏植被不宜發展農業。此區利用不同的海岸特色，發展出各式與海洋相關的產業活動。

　　臺灣西部為沙洲、潟湖、**溼地**遍布的洲潟海岸，多開闢成蚵田、魚塭，從事**養殖漁業**。東部斷層海岸平直，加上腹地小，缺乏港灣，僅能在少數地方興建港口發展漁業，如宜蘭南方澳漁港。而北部則為灣岬互現的海岸，利於開闢港口、發展漁業，海蝕地形豐富多元。南部恆春半島為珊瑚礁海岸，水質清澈，陽光充足，熱帶魚貝類資源豐富，成為度假勝地。

⇩ 圖 3-9 沿海地區

▲ 八里挖子尾自然保留區

▲ 宜蘭南方澳漁港

　　沿海地區的發展以港口為核心，但因河川沖積泥沙淤塞，許多早期港口已沒落，產業被迫轉型。在政府政策下，高雄港、臺中港成為西部重要的港口，尤其高雄港市合一發展的概念，讓沿海區與平原盆地區，作有效的整合發展。

　　此區同樣面臨過度開發的環境問題，如養殖漁業超抽地下水造成地層下陷；臺南二仁溪河口重金屬廢水引發生態危害及綠牡蠣事件。而有「**地球之腎**」美稱的溼地，因具有保護海岸及涵養水源的功能，也是生物棲地與食物來源，因此溼地的維護工作成為此區的保育重點。如臺中清水的高美溼地、淡水河口的挖子尾自然保留區，都是沿海區對生態保育的規劃。

▲ 臺南七股蚵架

▲ 花蓮清水斷崖

▲ 高雄永安魚塭

五 外圍離島區

離島距離都市遙遠，加上交通不便，發展較為緩慢。此區的規劃須視其當地自然環境、人文發展等條件才能擬訂最佳的發展策略（圖3-10）。

澎湖群島為離島，是海底噴發、露出海面的火山**熔岩臺地**，因地勢低平、風強雨少，不利農業，居民大多以漁業為生，近年觀光產業逐漸成為發展重點。為了防止強勁東北季風吹拂農作而發展出以硓𥑮石與玄武岩堆砌的菜宅，以及利用潮汐起落來捕魚的**石滬**，都是因應自然而成的人文景觀。

↓圖 3-10 外圍離島區

東引
北竿
南竿
莒光　馬祖
金門

澎湖望安
澎湖七美

綠島
0　25　50 (km)
蘭嶼

馬祖北竿芹壁村的民居建築

金門金湖鎮瓊林風獅爺

澎湖望安鄉菜宅

　　金門、馬祖因地理位置及歷史背景因素，長年為國防要塞，經濟發展不如臺灣其他地區來得積極，但因此保留許多戰地遺跡，如避難通道、碉堡等豐富的文化資產，使金門成為全臺唯一以維護人文史蹟的國家公園。

　　金馬地區因腹地狹小、土壤貧瘠，農業發展受限，多種植高粱、花生、小麥等較耐旱的作物，將其加工後也成為當地的名產。

　　綠島、蘭嶼皆為隸屬臺東縣的火山島，以傳統農、漁業為主。其中蘭嶼為達悟族的家鄉，半穴居、拼板舟、丁字褲等當地過去傳統的特殊生活文化，以及綠島景色優美的**珊瑚礁海岸**，使得兩地近年來成為國人享受熱帶島嶼風情的最佳去處。

饕客筆記

三　通

　　戰地政務解除後，憑著鄰近中國的優勢，讓金門、馬祖地區成為兩岸交流的前哨站。政府於2000年實施「小三通」，開放金馬與中國的廈門、泉州及馬尾相互來往，並於2008年擴大小三通方案，只要持有兩岸入出境有效證件，就可以從金門或馬祖進出中國。

澎湖七美鄉雙心石滬▶

◀蘭嶼拼板舟

▼綠島珊瑚礁海岸

饕客筆記

澎湖南方四島國家公園

　　位於澎湖南方的**東嶼坪嶼**、**西嶼坪嶼**、**東吉嶼**、**西吉嶼**合稱澎湖南方四島，位於東經 119°30′ 至 119°41′，北緯 23°14′ 至 23°16′ 之間，除了面積較大的四個主要島嶼外，還包括周邊的頭巾、鐵砧、鐘仔、豬母礁、鋤頭嶼等附屬島礁。

　　南方四島遺世獨立，近幾十年來受到產業結構轉型、交通不便造成物資補給不易等影響，人口逐漸外移，現今島上除了少數居民外，平日少有遊客造訪。

　　未經過度開發的南方四島，無論是自然生態、地質景觀或人文史跡等資源，都維持著原始、低汙染的天然樣貌，尤其附近海域覆蓋率極高的珊瑚礁更是汪洋中的珍貴資產。值得遊客前來體驗南方四島豐富多樣的生態環境。

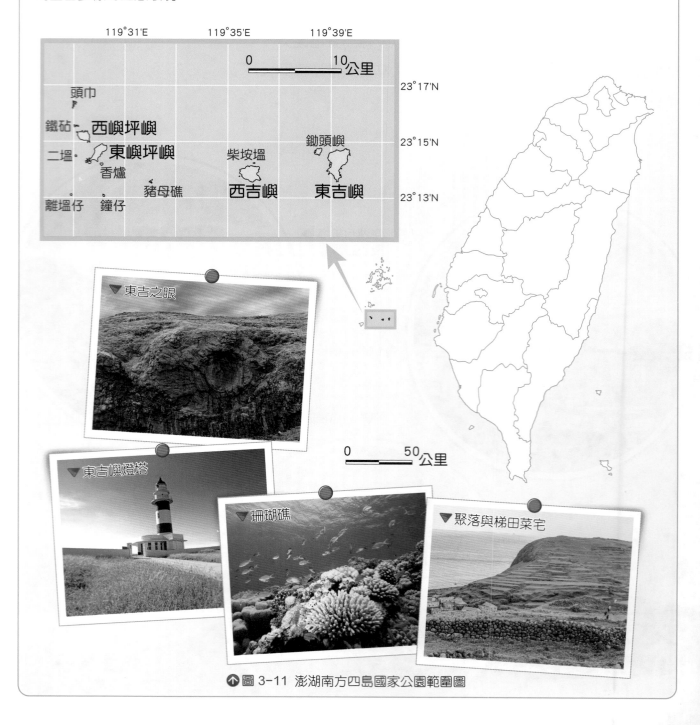

↑ 圖 3-11　澎湖南方四島國家公園範圍圖

牛|刀|小|試 3-1

我所認識的臺灣

◎以下是四位同學寫的生活日記,請問:

阿彥	大頭
昨天村落進行每年一度的慶典,換上平常不會穿著的傳統服飾,唱歌跳舞,歡慶今年的豐收!姆姆還提醒爸爸要教我狩獵的技巧。	住在臺灣的阿媽今天來玩,一直碎念我們這裡說的「臺語」她都聽不太懂,吃的食物也和老家不一樣,還好花生糖她很喜歡,總算心情有好轉。
民仔	小羅
老爸和叔叔天未亮就出海工作,這趟出去至少一個星期才會回來,昨晚老爸特別交代,放學後儘快回家,家中的魚丸要幫忙叫賣。	暑假真的是觀光旺季,家附近的 101 每天都擠滿人潮,交通更是大打結,真困擾。住這邊的好處,大概就是跨年可以在家看煙火吧!

1.請從他們的敘述中,推測他們居住的空間,應該屬於五大區域中的哪個區域?

2.阿彥等四位同學,他們居住的環境可能會有哪些發展特色和問題?

3.請想想自己的生活空間,可能和上述哪位同學的環境比較類似?或是都不同於他們,則是哪個區域?這個空間生活空間又有什麼特色和可能的問題呢?

Chapter 4

中國的區域、人口與都市

↓ 北京市的商業區現代感與繁華的景況

　　奉行社會主義的中國，政府政策主導了國家的發展，尤其是一胎化的實施，深深影響中國的人口結構。1978 年改革開放後，不論是經濟資源或人口移動，皆往東部沿海地帶集中，產生區域人口及所得差距，也衍生出戶籍制度等社會問題。為此中國在十三五計畫特別強調要建立一個全面小康社會，降低東西部以及城鄉之間的貧富差距。

第一節　中國的經濟地帶

　　中國的經濟分區，主要是依據各省市的經濟發展程度及地理區作為標準，劃分出東部、中部、西部三大**經濟地帶**。近年來，東北地區在重工業的發展上有其獨特問題，而成為第四個經濟地帶（圖 4–1）。

關鍵特搜

十三五經濟計畫

　　中國每五年制定一個經濟計劃，十三五經濟計畫即為第十三個五年計畫，期程為 2016 至 2020 年。十三五經濟計畫包含一個總目標與三個戰略措施，總目標即全面建成小康社會，戰略措施包含了全面依法治國、全面從嚴治黨以及全面深化改革。而全面建成小康社會是計畫的核心，其目標是在 2020 年時讓中國的人均所得翻倍。

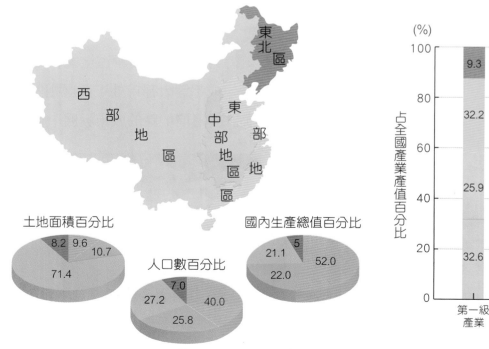

⬆ 圖 4-1 2020 年中國四大經濟地帶基礎資料

一 中國的四大經濟地帶

㈠東部經濟帶：地理位置優越，瀕臨世界主要大洋，有重要的河、海港，且平原廣布，陸上交通網絡便捷。本區因為較早對外開放（照片4-1）又有政策優惠，吸引各國來此投資設廠，成為全國經濟發展、都市規模及都市化程度最高的地區。如<u>珠江三角洲</u>以服飾、玩具等勞力密集產業發跡，近年逐漸轉型為電子及通訊產業。但本區動力能源不足，在人口密集、產業迅速發展情況下，水資源及霧霾等汙染問題日益嚴重，是未來發展的隱憂。

↑照片 4-1 位於珠三角的深圳是中國改革開放最早的經濟特區之一

㈡中部經濟帶：具有過渡的特徵，在人口、經濟發展上屬於中間程度，但豐富多樣的農、林資源，是早期工業發展的原動力，工業基礎雄厚，僅次於東部經濟帶。加上密集的陸路交通網絡（照片4-2），便於向東吸收技術與資金，再將產品賣給西部地區。不過中部經濟帶本身的資金與技術等供應上較為缺乏，成長速率較西部慢，近年也因礦產過度開發，面臨礦源枯竭與汙染的問題。

↑照片 4-2 中國最大火車站新鄭州站。河南省鄭州市是中國東西向及南北向鐵路及高鐵的中心樞紐

㈢西部經濟帶：幅員廣大（照片4-3），礦產資源豐富，待開發的土地資源占全國約70%。但在自然環境較嚴酷、易達性低等因素限制下，除了<u>重慶</u>、<u>成都</u>等大都市外，發展相對緩慢。但近年來受惠於**邊境貿易**及一帶一路方案的推動，帶動許多邊境地區的城市發展。

↑照片 4-3 荒涼的西部地區。西北部的新疆（左）；西部的西藏（右）

㈣東北經濟帶：煤、鐵及石油礦產豐富，是改革開放前中國重工業的發展重心。本區有廣袤的松遼平原，是重要的糧食產區。近年來，東北地區與俄、日、韓等國的經貿互動頻繁，例如黑龍江省的綏芬河地區已成為中、俄的重要貿易口岸（照片 4–4），而日、韓也在大連投資電腦軟體、造船等產業。

↑照片 4-4　俄國進口至綏芬河的原木

饕客筆記

邊境貿易

　　1990 年代起逐漸開放的邊境城市（圖 4–2），促成與周邊國家的工、商、貿易活動（照片 4–5），其中包含東北地區的滿州里、綏芬河；西南地區廣西的南寧；新疆的伊寧、塔城、喀什與內蒙古二連浩特。這些邊境城市與中國聯合發展成國界上的邊境貿易，提升國境邊緣地區的經濟發展，以緩和區域差距。

↑圖 4-2　邊境城市與道路交通口岸

↑照片 4-5　喀什市場中販賣的羊毛地毯

↑照片 4-6 上海浦東陸家嘴外資銀行雲集。上海開放之後吸引外國金融服務業投資

↑照片 4-7 青藏鐵路。世界海拔最高的青藏鐵路是中國西部大開發重要指標建設

四大經濟地帶的發展差距

　　中國由於版圖遼闊，地形、氣候及位置差異性頗大，加上改革開放後經濟發展向東傾斜，拉大東部沿海與中、西部的差距，形成了「東南富西部窮」的情形（照片 4-7）。為了解決東、西區域發展失衡的問題，中國政府企圖透過東部沿海城市及長江沿岸都市經濟資源的擴散，來帶動中、西部的發展。另一方面，也因地制宜，針對區域特性制定出「西部大開發」（照片 4-7）、「中部大崛起」及「振興老東北」等策略，2015 年更配合十三五經濟規劃方案，逐步提升經濟成長、縮小區域差異，創造共富時代。

⦿ 關鍵特搜

經濟區域內的不平衡

　　中國的四大經濟區域內並不是均質的，內部常有城鄉差距，例如中部區域的河南省的省會鄭州市擁有交通便利的工業新區，吸引富士康等跨國企業投資，經濟快速成長；但上蔡縣蘆崗鄉，因生活條件差，部分居民賣血為生，但被抽血針頭感染而致愛滋病蔓延，曾經成為愛滋村。這個反差例子，說明區域內不均衡的發展。

✕ 牛刀小試 4-1

區域差距順口溜

　　中國喜歡使用順口溜來加深內容印象，下列是有關中國各區域特色的順口溜，請將答案填入空格中。

北京人說他風沙多，＿＿＿＿＿人就笑了

內蒙古人說他面積大，＿＿＿＿＿人就笑了

新疆人說他民族多，＿＿＿＿＿人就笑了

雲南人說他地勢高，＿＿＿＿＿人就笑了

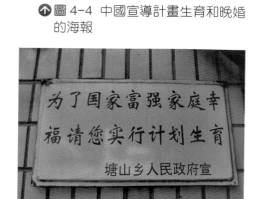

↑圖 4-3　1950～2020 年中國出生率、死亡率與自然增加率變化圖

↑圖 4-4　中國宣導計畫生育和晚婚的海報

↑照片 4-8　江西省推動一胎化的宣導標語

第二節　中國的人口

中國人口已超過 13 億，是世界人口最多的國家。共產黨執政後，中國的人口成長受到政策影響歷經波折（圖 4-3），也牽動了世界經濟及資源使用的變化。

一 中國人口變化對世界的影響

中共建國初始，毛澤東認為「人多好辦事」，遂模仿蘇聯喊出「英雄母親」的口號，鼓勵婦女生育，使中國人口快速成長。雖然大躍進時期因農業生產衰退，饑荒造成人口銳減，但隨後社會生產趨於穩定，出生率再度暴增。鑑於人口快速增加造成的負擔，中國政府於 1970 年代開始推動節育政策，由鼓勵「晚（婚）、稀（生）、少（生）」逐漸變成**一胎化**的計畫生育（圖 4-4、照片 4-8），以降低人口成長率。計畫生育實施至今，減緩了人口成長的速度。

 關鍵特搜

大躍進

大躍進是 1958～1960 上半年，共產黨試圖利用中國勞動力投注在農、工業生產上，企圖在短時間內「超英趕美」，結果適得其反，造成工業浪費及農業生產不足。

↑照片 4-9 艾美特江西廠一角。中國憑藉廉價勞工吸引大批資金

關鍵特搜

小皇帝現象

中國實施一胎化之後，造就許多獨生子女，他們剛好處於中國經濟快速成長的年代，備受父母及祖父母的寵愛。有些人在這樣的呵護下養成恃寵而驕、對人頤指氣使以及無法承受挫折與辛苦的個性，中國社會稱之為「小皇帝現象」（圖 4-5）。

↑圖 4-5 中國小皇帝現象

(一)龐大勞動力與世界工廠的地位

中國擁有世界最多人口，廉價的勞力和龐大的市場，吸引大量外資投入設廠（照片 4-9），中國儼然成為世界最主要的民生商品製造中心，而有「**世界工廠**」的稱號。近年因為少子化現象造成未來的工作人口減少，危及世界工廠的地位。

(二)農、礦產需求的快速成長

改革開放之後，人均所得提升，消費力的增長使得中國對原物料的需求同步增加（照片 4-10），中國因而成為世界最大的糧食進口國。

(三)一胎化政策調整

中國一胎化政策實施之後，出生人口明顯減少，幼年人口比率持續下降，如 1964 年代至 2020 年中國幼年人口占總人口數即由 40.7% 遽降至 17.9%，據推估 2022 年即有可能進入人口負成長。長此以往中國不僅直接面臨勞動力減少，國內消費能力降低及扶養比過高，皆會對社會造成嚴重負擔，因此中國政府於 2016 年全面開放第二胎，2021 年部分地區開放第三胎，以減緩少子化壓力。

城鄉戶籍限制的影響

1950 年代，中共採取**城鄉戶籍制**來嚴格控制人口移動，將人民分成城市及鄉村兩種戶籍，擁有城市戶籍的人口由政府安排至城鎮內的製造業工作，鄉村戶籍人口則不

↓照片 4-10 上海集裝碼頭。中國因為經濟發展對能源及原物料進口需求極大

能隨便移居都市。城鄉戶籍制的目的在於把大量農民綁在農地上，確保國家糧食充足，也不致因人口大量流往都市而產生混亂。

改革開放之後，沿海地區需要大量勞工，政府才允許鄉村戶籍人口進入沿海城鎮工作，但大多數人仍無法轉換戶籍，成為所謂的「農民工」。早期農民工備受歧視，如大規模的農民工流動稱為「盲流」。

城鄉戶籍制也產生許多社會問題，如農民工子女無法就讀當地的公立學校，只能留在原鄉由祖父母照顧，形成「留守兒童」（照片 4-11）。此外，每逢春節前夕，大批農民工返鄉，形成地表上最大規模的短期人口流動（照片 4-12），「春運」就成為中國政府傷腦筋的問題。2000 年至今，因為中、西部經濟逐漸發展，內地農民工向沿海移動情形已經大幅減少。

雖然農民工將所得匯回中、西部鄉村可帶動家鄉的經濟，但是背後所產生的人口流動問題，卻也埋下社會不穩定的隱憂。中國十三五計畫為了促進內需消費及消彌城鄉差距，取消了戶籍移動限制，也致力放寬鄉村戶籍人口進入都市的程序。

↑ 照片 4-11　留守福建家園的老人與兒童

↓ 照片 4-12　春節返鄉狀況。春運時期列車普遍出現超員情況（上）；廣州車站每天服務 25 萬人次（下）

關鍵特搜

文化大革命

大躍進的錯誤決策造成經濟大幅衰退,使得毛澤東失去領導權力。為了奪權,毛澤東在 1966 年假借黨內同志違反共產思想,發動學生罷課,並對領導階層鬥爭及抗爭。紅衛兵抗爭期間,提出破除傳統文化思想的口號,因而稱為文化大革命。

中國的都市更新

中國在改革開放之後,都市郊區為吸引外資進入,多規劃為工業區,而都市內的老房子也被重建為商業區或高級住宅區,這種情況在 2008 年的北京奧運及 2010 年的上海世界博覽會期間更是明顯。而近年來都市房價飆漲,土地開發具有豐厚的利益,促使地方政府與地產開發商加速都市更新速度,但也衍生不少土地徵收糾紛及釘子戶等拆遷問題。

第三節 中國的都市

中國的都市主要分布在東半部,改革開放以來經濟的快速成長也帶動都市發展,但其中也衍生出許多都市問題。

一 中國都市的發展

㈠改革開放前都市發展的停滯

大躍進的失敗使得中國政府必須重新調整經濟發展方向,因此動員大量城鎮人口返回鄉村務農;文化大革命期間 (1966～1977 年),社會局勢動盪,甚至有高達 3,000 萬的城鎮青年及知識分子被迫到鄉村地區安家落戶,使得中國的都市化程度幾乎陷於停滯(圖 4-6)。

㈡改革開放後都市發展的躍進

改革開放後,文化大革命期間被迫遷徙到鄉村的知識青年得以返回城鎮,使都市人口迅速成長。另一方面,鄉鎮企業的發展,也促使部分鄉村人口進入鄰近城鎮就業。此時中國政府對都市政策的主張為「嚴格控制大城市、合理發展中小城市、積極開發小城市」,促成小型城鎮快速成長。

但東部沿海地區因區位便利,吸引了大量外國廠商來設廠投資,大量的勞工需求使得人口流入加速都市化,如千年古都北京現代化高樓如雨後春筍般聳立,形成傳統與現代鑲嵌的景象;經濟飛躍的上海更成為中國的對外門戶,尤其是工商集中的浦東新區,充分展現出上海的繁榮。

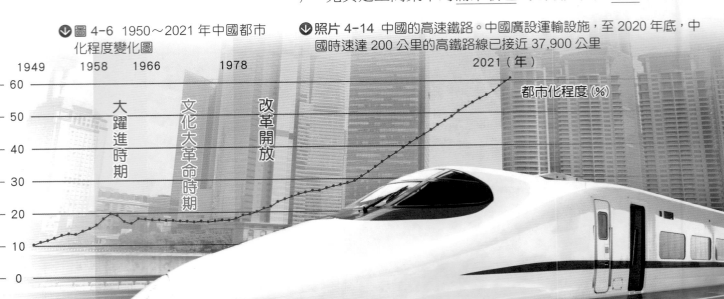

⬇️圖 4-6 1950～2021 年中國都市化程度變化圖

⬇️照片 4-14 中國的高速鐵路。中國廣設運輸設施,至 2020 年底,中國時速達 200 公里的高鐵路線已接近 37,900 公里

促進均衡的都市發展策略

在中國都市發展過程中，由於大量人口移入，使得沿海都市發生住屋不足、房價過高、交通壅擠、生活品質低落以及環境汙染等狀況，也因為戶籍制度，導致來都市工作的農民工遭受歧視。

為了建成小康社會及解決都市發展問題，十三五經濟計畫將城鄉一體化及都市化列為重要政策。加強四大區域的大都市周邊及中小型都市的基礎建設，例如大量興建保障房（即國宅）（照片 4-13）及醫院、學校等設施；連結大都市的大眾運輸系統（照片 4-14）以及數位網路系統。透過這些建設吸納大量鄉村戶籍人口進駐，轉換為城市戶籍之後給予社會保險、住房及子女就學等保障措施。而為了解決大都市擁擠及環境問題，除了發展副都心疏散人口壓力，也透過限制都市汽車數量、發展捷運系統、訂定嚴格環保法規及推動綠色產業來解決都市環境問題。

⬆照片 4-13　中國大舉興建保障房以抑制房價與解決居住問題

牛刀小試 4-2

都市環境問題與都市政策

中國的都市因為經濟的快速發展，衍生交通堵塞、水汙染、空氣汙染及垃圾汙染等環境問題。例如北京車輛成長快速，加上外地車輛進入，尖峰時間總是造成交通大打結；眾多車輛不僅造成交通問題，同時也引發嚴重的空氣汙染，成為導致北京空氣汙染嚴重的兇手之一。假使你是中國都市的市長，請問你要提出哪些政策來解決這些交通及環境問題？

大江南北吃一回

中國各地自然環境及風土民情有所差異，衍伸出不同的傳統美食，食物也因為其形狀、食材、諧音、口味等特徵，被賦予有趣的傳說。以下簡單介紹幾種中國不同省分的特色食物及趣聞。

東北烤冷麵

烤冷麵是使用特製的冷麵片，以碳烤、鐵板煎或油炸，刷上醬料後捲起香菜的簡單小吃，原本是東北一帶的地方吃法，現已成為大陸普遍可見的街邊小吃，現在說的烤冷麵多指以鐵板煎成的，也常搭配熱狗等現代口味。將冷麵片加熱的吃法源自東漢末期，幽州地方官劉虞在巡訪民間時，因為不忍看到士兵食用冷的冷麵片，便將冷麵片夾在鐵網上用火烤，兩面刷上醬汁，讓士兵吃了能感到暖和。

山東煎餅捲大蔥

煎餅卷大蔥是山東人特別喜愛的小吃：用麵糊烙成薄薄的煎餅，刷滿醬料後捲起長長的蔥便大功告成。煎餅強調薄而均勻，捲起蔥時要緊而不能破，搭配蔥的鮮甜與嗆辣，蔥香滿口。相傳山東沂蒙山下有個黃姑娘和心上人情投意合，但女方的家人嫌男子貧窮，要男子閉門讀書卻不給食物，黃姑娘便烙了極薄的餅和切成長段的蔥，偽裝成紙筆送給男子止飢，男子後來順利考取功名，也成就一段佳話。

山西貓耳朵

貓耳朵是山西、陝西地區流行的麵食，因形似貓耳而取其名。據傳乾隆皇帝曾在出遊時，下大雨困於小船上，小船裡只有麵團卻沒有麵杖，做不成麵條。正發愁之際，漁家的小孫女將麵團捻成塊，就像貓的耳朵，乾隆吃後覺得回味無窮，「貓耳朵」便成了一道名點。

雲南過橋米線

　　過橋米線可說是雲南菜的代表，冬夏皆宜，受當地各族的喜愛。傳說雲南有一位妻子每天都要幫讀書的丈夫送飯菜，但丈夫總是忘記吃，妻子便煮了雞湯和米線，分別盛裝，食用時再將米線和配菜放入雞湯燙過，由於雞湯上的油有保溫的作用，丈夫可以隨時享用熱騰騰的米線。也因為妻子給丈夫送食物時要經過一座橋，而稱做「過橋」米線。

福建貓仔粥

　　相傳閩南地區有位財主為兒子辦婚筵，掌勺的大廚忙了一整天才想起坐月子的老婆尚未吃飯，趕緊盛了米飯和灶臺上的剩餘食材丟入鍋，加入沸騰的高湯，飛快煮了一碗粥，結果被主人發現，廚師便謊稱是「做給貓仔吃的粥」。閩南地區靠海，因此配料中有海鮮才算道地，原本是從殘羹中變化的貓仔粥，也已經換成新鮮漁獲，成為待客的佳餚。

廣西柳州螺螄粉

　　廣西柳州的人們愛吃酸辣的煮螺螄（用骨頭湯加酸筍、紅辣椒等佐料煨制的螺螄），在夜市中有不少兼賣寬米粉和煮螺螄的攤點，有次快打烊的店家，用煮螺剩下的辣湯代替原本配米粉的高湯，意外形成了現在螺螄粉的雛形，之後經過改良，成為更受當地人喜愛的美食。道地的螺螄湯湯裡有炸豆皮、青菜、黑木耳等配菜，但螺螄做為小吃另外販售，螺螄粉中可是沒有螺肉的喔！

　　同學看了這麼多種中國特色小吃，是不是覺得很有趣也已經垂涎三尺了呢？如果以地理的觀點將以上六種特色食物分成兩大類，同學們知道左頁、右頁的餐點有哪些差異嗎？

解答：右頁：小麥類澱粉（麵食）、中國北方食物。
　　　左頁：米類澱粉（米食）、中國南方食物。

中國的產業

↓ 生產線上的工人，是中國成為世界工廠的重要資產

過去一、二十年裡，美國消費者因兒童玩具、電視機和運動鞋價格下跌而受益，中國成了沃爾瑪和塔吉特連鎖超市的主要供貨者。來自亞洲的供應商削弱了美國製造業的競爭力，起先是紡織工廠，然後是鋼鐵企業，最後輪到電腦製造商。

美國共和黨總統候選人羅姆尼，2012 競選演說

　　1949 年後，中國將所有經濟活動納入國家管控與分配，使得經濟成長緩慢；直到改革開放，農業與工業才有長足的進步。歷經 30 多年的發展，中國在世界經濟上，已占有舉足輕重的地位。

第一節　中國的農業

　　中國從早期傳統的自給自足逐漸轉型成現代化農業，過程中的每個發展階段都有其特徵及背景因素，也影響了每一位中國農民的命運。

一　集約度高的傳統農業

　　1950 年前的中國農業，主要特徵為高度依賴人、畜的耕作（照片 5–1），大部分家庭成員都要投入生產活動，機械化程度低。傳統農業的抗災能力不佳，常因突發性的水、旱災導致作物歉收，為了適應環境，農民依據經驗發展出因地制宜的生產方式，如雲南元陽的梯田（照片 5–2）。

↑照片 5–1 中國傳統高度依賴人力的耕作方式

↓照片 5–2 雲南元陽的梯田景觀

↑照片 5-3 人民公社分配糧食

↑照片 5-4 改革開放後部分農民改種植經濟作物增加所得

貳 壓抑農業生產的計畫經濟

1950 年代末期，中國政府為確保糧食生產無虞，並讓城市居民享有低價糧食，遂在鄉村實施統購統銷及人民公社政策。農民必須依照政府指示栽種特定作物，收成後將農產品上繳，由政府統一分配，農民的所得則是依據生產大隊的生產所得平均分配。這種集體工作、同酬不同工的情況，使得農民出現不論事情做多少都只能領固定所得的「大鍋飯」心態（照片 5-3），導致農民生產意願低落。

大躍進時期，農民被大量徵調至附近城鎮煉鋼，在人力不足的情況下，光是 1958 年就有高達 10% 的糧食作物荒廢在田埂中未收割，進而引發大饑荒。

◉ 關鍵特搜

人民公社

1958 年中共成立農村人民公社，作為基礎的生產單位，也成為當時中國農村的基本政治單位，其功能不僅是指導農民生產，就連食、衣、住、行及所得都由人民公社分配，可以說是將農民生活集體化的一種措施。1978 年改革開放後，市場經濟出現，個體戶逐漸取代人民公社，政治權力才轉移至鄉、鎮地方。

參 改革開放後農業生產力提高

中國政府意識到農民生產意願過低，糧食增產速度緩慢，為了提高誘因，遂在 1978 年實施家庭聯產承包責任制，也就是農民只需繳交一定數量的農產品給政府，剩餘糧產皆可拿到市集上販售，所得歸自己所有，也逐漸放寬以往對農民生產作物種類的限制。此一制度實施之後，農民生產意願大幅增加，也使得糧食產量快速成長。

中國改革開放之後，都市居民的所得及消費力隨之提升，對食物不僅要吃得飽還要吃得好。為了迎合市場需求、增加利潤，許多農民改種價格較高的蔬果作物來販售（照片 5-4），過去以糧食為主的作物型態逐漸改變。

四 改革開放後所面臨的農業問題與挑戰

改革開放後中國各地逐步引進新的農業技術、品種與機械化，使得農業生產進一步成長，如黑龍江已成為主要稻米產地（照片 5–5）、新疆也是重要棉花產區（照片 5–6）。但此時，中國農業也出現了新的問題與挑戰。

㈠農業對生態的破壞與徵地問題

中國在農業發展過程中，造成大量的環境破壞，例如山區濫墾濫伐或草原地區的過度農牧，導致水土保持破壞或者沙漠化等環境問題。快速的工業化與都市化也造成農業的負面衝擊（照片 5–7），地方政府為了開發新工業區及住宅，強制徵收農地，加速農地的流失，也可能發生官民衝突，例如 2011 年廣東省的烏崁村事件（照片 5–8），就是因地方政府強徵農地而引發的抗爭。

↑照片 5-5 黑龍江機械化耕作農田

↑照片 5-7 廣東垃圾掩埋場汙染附近農田

↓照片 5-6 新疆地區大規模的棉花種植

↑照片 5-8 廣東烏崁村農民抗議地方政府徵地

↑照片 5-9 東北大豆農產因不敵進口大豆低價競爭而減產,照片為東北大豆集中出貨情形

饕客筆記

烏崁村事件

　　烏崁村是廣東省汕尾市郊的村莊。2011 年 9 月 21 日爆發 5 千多位村民大規模抗議事件,事件的起因源自於該村地方政府偷偷變賣村民 3,200 多畝土地,卻只給了不知情的村民極少補助款。村民多次向上級政府反映無果,終至積怨爆發,難以收拾。而後因外國媒體重視,地方政府迫於壓力,承諾願意處理遭偷賣土地問題以及懲處失職人員,此一事件才順利落幕。

(二)農產品面對世界市場的競爭

　　中國加入 WTO 之後,國內許多農產品逐漸被進口產品取代。例如東北地區的糧食原本行銷全國,後來進口糧食取代原有市場(照片 5-9),而使東北糧產出現滯銷,稱為「新東北現象」。

　　此外,農產品市場自由化之後,價格波動明顯增加,許多農產品價格暴漲,使民間有「糖高宗、蒜你狠、豆你玩、薑你軍、豬飛天」等順口溜。當農民因作物漲價而搶種之後,卻面臨隨之而來的價格暴跌而虧損。

第二節　中國的工業

　　中國在 1949 年之後因政策因素影響了工業生產區位,產品結構也有所調整。尤其在改革開放之後,鄉鎮企業以及沿海開放區相繼發展,使中國成為「世界工廠」。但快速發展也造成區域不均及環境等問題,讓中國逐漸調整工業發展方向。

一　改革開放前內陸重工業的發展

　　1950 年代到 1978 年改革開放前,這一時期稱為「大三線」建設時期(圖 5-1),重心是鋼鐵及軍事等重工業。

此時期因韓戰爆發，為避免沿海工業遭受攻擊，政府將工廠由沿海遷至內陸，四川（照片 5-10）、雲南等內陸省分因而發展許多工礦城市。

關鍵特搜

鄉鎮企業——進廠不進城，離土不離鄉

　　鄉村的農民進入鄰近城鎮工廠工作，但沒有放棄農民的身分，故仍然有農地使用權，稱為離土不離鄉。農民雖然在城鎮工廠工作，但戶籍和住家並未遷到城鎮，仍然留在鄉村，因而稱為進廠不進城。

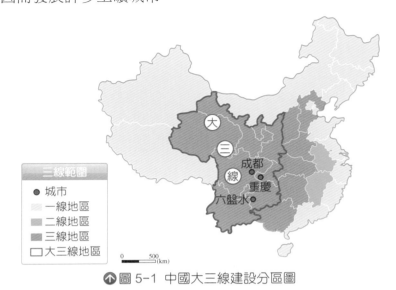

△圖 5-1　中國大三線建設分區圖

三線範圍
- ● 城市
- 一線地區
- 二線地區
- 三線地區
- ☐ 大三線地區

成都　重慶　六盤水

0　500
(km)

二 改革開放後沿海經濟特區的發展

　　中國改革開放之後，工業結構由重工業逐漸轉變為輕工業，但初期資金不足，故由規模較小的鄉鎮企業開始發展。鄉鎮企業主要是由村或城鎮來辦理工廠，生產鄉村所需要的農用、民生用品、建築及機械製品，部分在沿海地區的鄉鎮企業也製造紡織、家具及玩具等產品出口外銷。

↓照片 5-10　大三線建設時的四川攀技花鋼鐵基地

⬆ 圖 5-2 中國經濟特區及沿海開放區域圖

　　由於鄉鎮企業規模小、技術不高，以致無法生產出高品質的產品，1990 年之後發展逐漸趨緩。為了擴大生產規模，中國政府希望透過對外開放，吸引外國資金、技術及經營管理方式，來協助推動中國的工業化，故選擇在東南沿海設立**經濟特區**，作為對外開放的前哨站（圖 5-2）。東南沿海利於吸收海外資金，加上便捷的海運，成為設立經濟特區的首選。外資來此地設廠的類型主要為紡織、製鞋、家電、電子、家具、玩具及五金等，也包含不少國際品牌的代工製造，這些廠房多半屬於加工出口導向的勞力密集型產業。

　　經濟特區不僅是中國對外開放的窗口，也是工業化的重要先鋒，帶動了中國沿海都市的崛起與成長（照片 5-11），但中、西部發展差距日益擴大，逐漸引發經濟發展不均衡的現象。

⬆ 照片 5-11 1998 年的深圳看出改革開放後已有初步發展（左）；
2012 年的深圳已經是熱鬧繁華高樓林立的大都市（右）

區域均衡發展與產業升級的策略

　　改革開放之後，沿海與內陸區域差距日益擴大，為了平衡區域發展，中國陸續推出「西部大開發」、「中部大崛起」及「振興老東北」等政策來推動這些地區的工業發展。例如山西省設立了西安高新技術產業開發區，發展半導體、電機及生物科技。吸引了紫光、臺灣力成、韓國三星

及美國美光等大廠投資進駐，逐漸形成內陸最大的半導體產業鏈；西部大開發除了西電東送、西氣東輸建設，近年也積極在西北地區建立太陽能光電發電廠及風力發電（照片 5-12）。此外，重慶（照片 5-13）與成都也成為帶領西部地區發展的領頭羊，如重慶高新技術產業開發區主推電子資訊及汽車產業，其中筆記型電腦產業已經成為世界最大生產基地，全世界三分之一筆記型電腦都在重慶生產，透過渝新歐鐵路（照片 5-14）將產品更快地送至歐洲。

2010 年之後中國為了提高人民所得，不斷提高工資與人民幣匯率，卻造成傳統製造業成本上升，少子化與小皇帝現象使缺工更形嚴重。另一方面，2010 年中國工業的生產規模已是世界第一，但產品的附加價值低而且造成嚴重的環境汙染。為此中國在十三五經濟計畫推出「中國製造 2025 方案」，往高科技及資訊化產業發展，告別以往血汗工廠式的勞力密集工業，往製造強國邁進。

饕客筆記

中國製造 2025 推動產業

中國政府在 2015 年 9 月發布「中國製造 2025」重點領域發展技術，提出中國製造業發展十大重點領域，包含：電信產業、精密機械和機器人、航空航太工業、海洋工程工業及高技術船舶、先進軌道交通系統、節能與新能源汽車、電力裝備、農業裝備、新材料、生物醫藥及醫療器械。這些重點領域也成為中國在 2025 年主要扶持及發展的產業。

↑照片 5-12 新疆的風力發電機組群。在西北地區發展風力發電是中國推動重點建設之一

↑照片 5-13 重慶的江北嘴金融中心及重慶大劇院（照片中右側）

↓照片 5-14 中國內陸產品可透過渝新歐鐵路運送至德國杜伊斯堡

牛|刀|小|試 5-1

轉變中的中國製造

　　以往中國製造往往被視為外國品牌的代工生產者，或僅能生產低價的山寨品牌，但是近幾年在中國的政策資助、併購以及重視研發創新的氛圍下，許多中國品牌漸露頭角，甚至在全球市場占有一席之地。

1.你知道下列哪些品牌是中國企業？

手機類	電腦、筆電	家電類	汽車	清潔用品類
宏達電 (HTC)	宏碁 (Acer)	大同 (Tatung)	裕隆 (Yulon)	花王 (Kao)
三星 (SAMSUNG)	華碩 (ASUS)	聲寶 (SAMPO)	中華 (CMC)	聯合利華 (Unilever)
華為 (HUAWEI)	聯想 (Lenovo)	九陽 (Joyoung)	納智捷 (LUXGEN)	妙管家 (Magic amah)
富可視 (InFocus)	惠普 (HP)	三洋 (SANYO)	東風 (Dongfeng)	耐斯 (Nice)
小米 (Xiaomi)	戴爾 (Dell)	飛利浦 (Philips)		
樂金 (LG)	微星 (MSI)	明基電通 (BenQ)		
中興 (ZTE)				

2.請你說看看就使用或聽過的中國品牌，跟其他臺灣或他國品牌有何差異。

🍃 第三節　中國經濟發展對全球的影響

　　中國改革開放至今已 40 餘年，在經濟上的快速成長更是有目共睹，2009 年之後中國已成為世界最大出口國；而在 2011 年中國更超越日本，成為僅次於美國的世界第二大經濟體。

一 影響世界的生產與消費

　　中國憑藉廉價勞力的優勢成為跨國企業重要的生產基地，如 iPhone 或 NIKE 運動用品都來中國設廠尋求代工（照片 5-15），對勞動成本較高的國家造成衝擊。

　　此外，民眾的所得在經濟發展後隨之增加，中國也逐漸成為世界重要的消費市場，連帶影響世界的經濟。例如澳洲鐵礦或阿根廷大豆都是該國重要出口商品，也極度仰賴中國市場；而中國龐大的觀光人潮以及對奢侈品的消費能力，對在 2008 年金融海嘯之後的歐洲、日本等經濟衰退地區的商業或觀光業也有所助益（照片 5-16）。

↑照片 5-15 位於成都的鞋業工廠生產線

二 與歐美互動及一帶一路

中國因為經濟實力的增加，國際發言權日益受到重視，影響力也逐漸擴大。例如歐洲在 2009 年爆發歐債危機，中國與歐盟國家的經濟關係倍受關注（照片 5-17）。

另一方面，2014 年起中國在南海建造人工島礁，引發鄰近國家抗議。而美國此時正將發展重心移往亞太地區，便與菲、越兩國進行軍事合作，使本區關係更為緊張。

為了避免太平洋受到美國圍堵，中國除了十三五經濟計畫外，也推出一帶一路計畫。一帶一路即絲綢之路經濟帶及二十一世紀海上絲路（圖 5-3），透過與一帶一路沿線國家進行交通、水電等基礎建設合作，便能外銷中國生產過剩的鋼鐵、運輸等產品，也讓中國能透過陸運與取得其他歐、亞國家的能源、礦產，而且強化與沿線國家的貿易，提升出口額。

三 工業發展帶來環境汙染

中國經濟快速發展也對世界環境帶來負面影響，例如中國是世界上使用煤炭比例最高的國家，大量排放二氧化碳的情況下，除了加劇溫室效應，也造成空氣汙染（照片 5-18），空氣中的懸浮物隨風飄到鄰近國家，造成酸雨災害。

↑照片 5-16 中國觀光客在德國慕尼黑市政廳前拍照

↑照片 5-17 2012 年德國總理梅克爾訪問中國與中國總理溫家寶會面，希望強化雙邊貿易

↑照片 5-18 北京霧霾 (PM2.5) 嚴重時甚至需要在白天開車燈

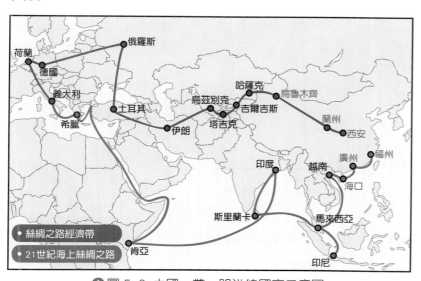

↑圖 5-3 中國一帶一路沿線國家示意圖

↑照片 5-19 中國協助蘇丹興建麥洛維大壩

↑照片 5-20 中國企業買下塞爾維亞博爾州的銅礦山

四 加速資源競爭與安排

世界農糧資源有限，<u>中國</u>因經濟快速發展，對農糧、礦產需求不斷成長，為了獲得更多石油及礦產資源，<u>中國</u>逐漸加強對<u>非洲</u>的關係與影響力，除了免除許多非洲國家的債務，也為<u>蘇丹</u>、<u>奈及利亞</u>及<u>安哥拉</u>等國家提供水電、道路等公共設施建設（照片 5-19），以換取當地的石油及礦產資源。另一方面，為保有穩定及低價的農礦資源，<u>中國</u>也在<u>中南美洲</u>、<u>非洲</u>及<u>東南亞</u>等地區積極投資農礦產業（照片 5-20），但是大規模的農、礦生產卻可能導致當地生態環境被破壞，或造成當地社會、經濟體系型態改變。

饕客筆記

中國對外結盟及資源布局

中國經濟發展之後對全世界資源及技術展現了龐大的企圖心，例如為了獲取礦產或能源資源，近年頻頻投資世界礦產國家或建立結盟的關係（圖 5-4）。

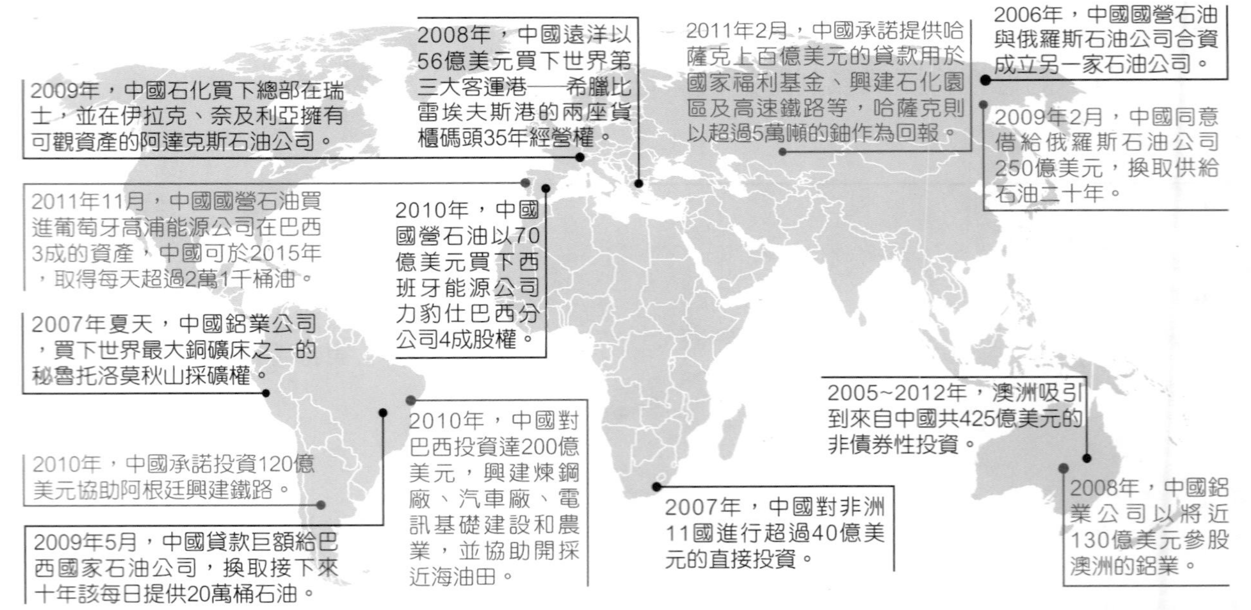

2009年，中國石化買下總部在瑞士，並在伊拉克、奈及利亞擁有可觀資產的阿達克斯石油公司。

2008年，中國遠洋以56億美元買下世界第三大客運港——希臘比雷埃夫斯港的兩座貨櫃碼頭35年經營權。

2011年2月，中國承諾提供哈薩克上百億美元的貸款用於國家福利基金、興建石化園區及高速鐵路等，哈薩克則以超過5萬噸的鈾作為回報。

2006年，中國國營石油與俄羅斯石油公司合資成立另一家石油公司。

2011年11月，中國國營石油買進葡萄牙高浦能源公司在巴西3成的資產，中國可於2015年，取得每天超過2萬1千桶油。

2010年，中國國營石油以70億美元買下西班牙能源公司力豹仕巴西分公司4成股權。

2009年2月，中國同意借給俄羅斯石油公司250億美元，換取供給石油二十年。

2007年夏天，中國鋁業公司，買下世界最大銅礦床之一的秘魯托洛莫秋山採礦權。

2005~2012年，澳洲吸引到來自中國共425億美元的非債券性投資。

2010年，中國承諾投資120億美元協助阿根廷興建鐵路。

2010年，中國對巴西投資達200億美元，興建煉鋼廠、汽車廠、電訊基礎建設和農業，並協助開採近海油田。

2007年，中國對非洲11國進行超過40億美元的直接投資。

2008年，中國鋁業公司以將近130億美元參股澳洲的鋁業。

2009年5月，中國貸款巨額給巴西國家石油公司，換取接下來十年該每日提供20萬桶石油。

↑圖 5-4 中國 2005 年以來重大資源布局地圖

牛|刀|小|試 5-2

你也能過「沒有中國製造的一年」嗎？

中國製造商品如影隨形，沒有中國製造的一年一書的作者莎拉‧邦喬妮是位美國媽媽，2005 年鑑於中國製產品充斥在美國商品貨架，因此下定決心嘗試不購買中國製產品，想要過一個沒有中國產品的一年，結果她過得非常辛苦，因為要找到非中國製產品十分困難。例如在文章中提到：「某個星期五黃昏時節，天空正飄著雨，我們來到城郊一條高速公路旁的商店街，那裡有一家首飾店，店主是一對越南移民夫婦……他們告訴我：『是啊，你說得沒錯，所有東西都是中國來的。』他們說越南也充斥著中國貨。此外，當莎拉想要購買一盞檯燈，檯燈的廠商告訴她：『十多年前，美國有幾百家燈具製造商，光是南加州就有 40 幾家燈具廠，但是現在只剩下 4、5 家了。……而且即使是標榜美國生產，許多零件也是中國製造，例如檯燈開關因為美國太多工廠關門，所以弄不到美國零件。』」文章最後不得不承認缺乏廉價中國製產品的生活非常的不容易。

請同學想一想，你一天的生活中有哪些「中國製造」的商品？如果讓你過一個沒有中國商品的一年，你的生活可能會發生什麼事情？

Chapter 6

中國的環境問題與對策

⬇ 沙丘入侵農田，敦煌種植防護林阻止沙漠擴散

中國自改革開放後，農業與工業都有長足的進步，但在亮麗的經濟光環背後，卻是殘破不堪的環境，不論是水資源、土地資源及生態環境，都已經到必須立即處理解決的地步。

第一節 中國水資源問題與對策

中國水資源東多西少、南多北少，分布相當不均，如華中地區常因暴雨有嚴重水患，而華北地區則因旱災加上經濟發展的需求，缺水問題日益嚴重。為了解決水、旱災的問題，中國政府希望利用長江三峽大壩以及南水北調工程來因應。

一 長江洪患與三峽大壩

㈠長江中、下游的洪患問題

長江中、下游地勢低窪，加上曲流減緩流速，宣洩不及的江水，極容易氾濫成災（照片6-1）。加上上游濫墾濫伐，以及湖南、湖北地區農民的圍湖造田，使湖泊面積縮小，蓄洪能力大減，擴大洪患的危害程度。

關鍵特搜

1998 年長江的洪患

1998 年 6 月中旬開始，長江上游地區連降暴雨，長江中、下游地區遭受嚴重的洪水災害。持續兩個月的水災，使長江沿岸省市受到嚴重的經濟損失，受災地區多達 18 個省、市、自治區，受災人口達 2.9 億人次，倒塌房屋超過 1,700 萬間，受災農地面積超過 2,180 萬公頃，死亡人數近 2 萬 4 千人，估計經濟損失超過 2,000 億人民幣。

↑照片 6-1 1998 年長江水患造成沿岸城市嚴重災害

饕客筆記

從歷史變遷圖看洞庭湖的圍湖造田

　　洞庭湖原為中國最大的淡水湖，但幾百年來當地居民圍湖造田的結果，使得洞庭湖的面積不斷縮小，也降低了蓄存長江洪水的功能。圖 6-1 顯示湖岸地區整齊的農田景觀，而早期洞庭湖的範圍甚至可以延伸到圖中西側湖泊，但現在已經被大面積的農田所取代（照片 6-2），在農民生計與經濟發展的需求下，如何與環境保育取得平衡，是需要更多的共識與智慧來解決的。

➡ 圖 6-1 洞庭湖畔的圍湖造田
⬇ 照片 6-2 洞庭湖畔的圍湖造田

圖　例
● 主要都市　　　明代圍墾區
● 地名　　　　　清代圍墾區
▲ 山　　　　　　現代圍墾區

松滋口　荊州
太平口
松滋市　　　　　長
　　　　藕池口　　　江
　　　　　　　　　　監利
　　　　石首市　調弦口
澧縣
澧水　津市市
　　石龜山▲　　　　　　城陵磯
　　　　　　　　　　　岳陽
常德
沅
江　漢壽縣　　　　　磊石山
　　　　　　　　　　汨羅江
益陽　　　　　　　湘陰縣
　　　資水　　　　湘江

0　　25 (km)

㈡三峽大壩的效益

　　為了解決長江洪患問題，中國政府在湖北宜昌西陵峽興建世界最大的水利工程——三峽大壩（照片 6-3），希望藉此控制中、下游的水患發生。

　　三峽大壩能舒緩洪水的災害，也具備發電功能，發電量更足以供應長江中游地區所需，解決東部沿海地區供電不足的問題（圖 6-2）。此外，在航運方面，三峽大壩工程透過閘門調節江水，可使萬噸海輪直通內陸重慶，大幅提高運量與降低運輸成本。

⬇ 照片 6-3 三峽大壩配置圖

發電區　　　洩洪區　　　　發電區　　　船電梯　　　　　船閘

⬆圖 6-2　三峽大壩的供電範圍

㈢三峽大壩衍生的問題

　　三峽大壩雖然帶來許多經濟效益，但也對環境造成嚴重的影響，例如大壩蓄水過程中，淹沒許多城鎮及可耕地（照片 6-4），並衍生出移民的安置與適應問題。大壩也造成環境生態的衝擊，例如長江原生洄游魚類中華鱘（照片 6-5），因築壩而無法回溯上游產卵，可能瀕臨絕種。而原本在長江沿岸區的張飛廟、屈原祠等歷史古蹟，也因大壩的興建而沉入江底。

⬆照片 6-4　三峽大壩蓄水前拆除沿岸淹沒區的房子

饕客筆記

野放中華鱘

　　為了挽救長江日漸稀少的中華鱘，中國成立中華鱘研究所，積極以人工培育方式增加中華鱘數量，並且自 1984 年起在長江不定期放流（照片 6-6）。如今透過人工飼養流放數量已經達到五百多萬尾，維持長江中華鱘數量不致絕種。

⬆照片 6-5　長江中華鱘

⬇照片 6-6　人工飼養的中華鱘放流至長江

三 華北乾旱與南水北調工程

黃河第一次斷流發生在 1970 年代山東省境內，之後頻率隨著自然環境的破壞而加劇。追究其原因，主要是華北地區年降水量減少，加上人口增加與經濟發展，用水量激增所致。黃河斷流（照片 6-7）使得下游嚴重缺水，水汙染也因流量減少而加劇。中國政府為了確保華北主要都市，如北京、天津等的供水，利用一系列水利工程，將水量較豐沛的長江河水向北引至水資源不足的華北、內蒙地區，此一計畫方案稱為**南水北調**。

南水北調工程（圖 6-3、照片 6-8）可解決華北平原嚴重的缺水問題，有利於經濟持續成長和農業用水的穩定供應。但實施之後，也陸續引發一些後遺症，例如河水北調後，造成長江沿岸用水更形不足；長江的原生物種也順著南水北調路線擴展至黃河，造成黃河的生態問題。

↑ 照片 6-7 1997 年黃河出海口一帶因乾旱而使河床完全暴露

→ 圖 6-3 南水北調路線圖

↓ 照片 6-8 陶岔渠。南水北調中線工程的渠首，是丹江口水庫的副壩及中線工程的標誌性建築

第二節 中國的土地退化問題與對策

　　土地退化是指原本具有生產力或豐富生態的土地，因為自然變遷或人為過度使用，使得土地喪失原有生產價值或生態資源，常見的土地退化問題有土壤鹽鹼化、沙漠化等。

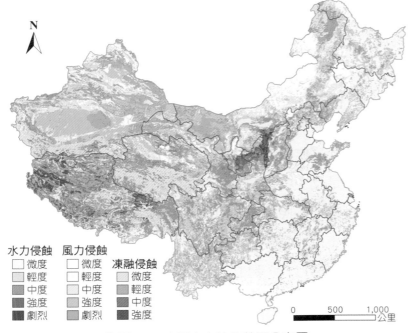

水力侵蝕
□ 微度
□ 輕度
■ 中度
■ 強度
■ 劇烈

風力侵蝕
□ 微度
□ 輕度
□ 中度
■ 強度
■ 劇烈

凍融侵蝕
□ 微度
□ 輕度
■ 中度
■ 強度

0　500　1,000
公里

↑圖 6-4 中國水土流失熱區分布圖

 關鍵特搜

中國主要土地退化問題

　　中國水土流失嚴重，約占國土面積的 38%（圖 6-4、照片 6-9），平均每年新增的水土流失面積約 1 萬平方公里。目前中國沙漠化土地面積已達 262 萬平方公里，政策調整後雖已趨緩，但每年仍以 2,460 平方公里的速度擴展。

饕客筆記

沙塵暴的跨國影響

　　每年春季，中國的沙塵會從內陸地區的塔克拉瑪干、戈壁等沙漠隨風飄揚，向東往韓國及日本移動（照片 6-10），自 1988 年以後這種黃沙吹送數量隨著中國沙漠化擴大而有增加趨勢。這些黃沙不只含有土壤及礦物質，還包含了汽車及工廠所排放的廢氣及煤煙等，尤其中國經濟快速發展之後，這些有害物質隨沙塵飄送的情況也更為明顯。

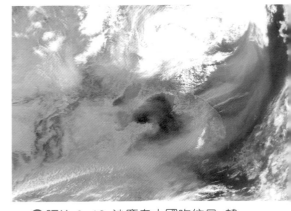

↑照片 6-10 沙塵自中國吹往日、韓的衛星照片

↓照片 6-9 水土流失

力吹蝕

流水沖蝕

一 過度農牧造成土地退化

　　中國西北地區因地處內陸，降水量原本就比東部稀少，土地過度利用更加深沙漠化的危機，例如在內蒙古草原地區的居民，因為過度放牧（照片 6–11）、農耕、砍伐柴薪，或者挖掘藥材等，加速了沙漠化的速度（照片 6–12）。

　　另外，降水稀少的地區因蒸發旺盛，過度灌溉容易導致鹽分積聚在地表，遂出現**鹽鹼化**的現象（照片 6–13）。

二 雙管齊下的沙漠化防治對策

　　沙漠化的防治可分為整治及預防兩個面向。整治的作法，如改善耕作與灌溉技術、發展節水型農業型態，可避免用水不足及土壤鹽鹼化；也可運用草格固沙、防沙網及防沙林等方式（照片 6–14），防止沙漠化的擴張，例如中國在華北、東北及西北地區所建設的「**三北防護林**」就是利用上述幾種方式，建立一條防止沙漠化擴張的綠色長城（照片 6–15）。

　　在預防方面的作法，可依據自然條件差異作土地規劃，禁止砍伐柴薪、農牧活動擴張，以達到退耕還林、退牧還林的目的（照片 6–16）。經歷數年沙漠化整治工作，中國沙漠化的速度已趨緩。

⬆照片 6–11 內蒙古草原過度放牧引發沙漠化的危機

⬆照片 6–12 中國青海省的沙漠化情形

⬇照片 6–13 半乾燥地區的灌溉活動造成的土壤鹽鹼化

▲防沙林

▲防沙網

▲草格固沙

⬆照片 6-14 沙漠化防治方法

➡照片 6-16 新疆地區退牧還林工程
⬇照片 6-15 內蒙古東部的科爾沁沙漠
　實施三北防護林工程

Chapter 7

東亞

↓ 富士山下盛開的櫻花和寶塔相互輝映

　　岩手縣高田市的海岸邊，有 7 萬棵松樹緊密相連。311 海嘯過後，放眼望去，海岸邊竟然就剩它，唯一的一棵，奇蹟的一本松屹立不倒（照片 7-1）。它的生命力不但感動了所有人，更讓日本災民擁有活著的勇氣。這棵老松樹象徵日本人引以為傲的精神，歷經浩劫，仍屹立在每個日本人的心中。

編者，2016

　　東亞包括中國、蒙古、日本、韓國、朝鮮及臺灣。本章主要介紹東北亞的日本、韓國和朝鮮（圖 7-1），這 3 個國家在歷史上與中國有著密切的往來，傳統文化也深受其影響（照片 7-2），但又各自發展出獨特的文化特徵。

關鍵特搜

蒙古

　　蒙古位於亞洲內陸，是世界第二大內陸國。十三世紀初，成吉思汗統一蒙古民族，建立了版圖橫跨歐亞的強大帝國——元朝。中華民國建立後，外蒙古於 1921 年 7 月 11 日宣布獨立，在蘇聯的支持下成立「蒙古人民共和國」。

➡ 照片 7-2 和服、韓服。日、韓兩國的傳統服飾均受到中國服飾影響

⬇ 照片 7-1 岩手縣陸前高田市一本松。當時唯一未被海嘯捲走的一棵松樹，被視為災區復興的象徵

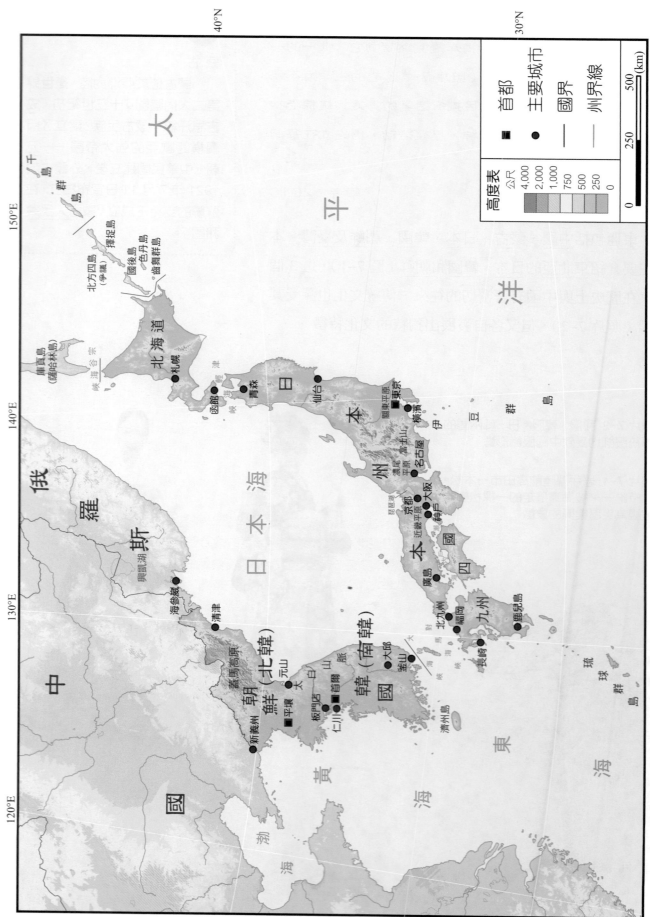

高度表
公尺
4,000
2,000
1,000
750
500
250
0

首都 ■
主要城市 ●
國界 ──
州界線 ──

0   250   500 (km)

大　　平　　洋

北方四島
(爭議)
擇捉島
國後島
色丹島
齒舞群島

庫頁島
(薩哈林島)

北　海　道

札幌

宗　谷　海　峽

函館
津輕海峽

青森

日

仙台

本

關東平原
富士山
東京
橫濱

州

濃尾平原
名古屋

伊

豆

群

島

俄

羅

斯

興凱湖

海參崴

清津

日　本　海

琵琶湖
京都　大阪
近畿平原
神戶

本

廣島

四

國

中

朝鮮高原
蓋馬高原

鮮(北韓)
元山

太

白

山

脈

新義州

平壤
板門店
仁川 ■首爾

韓(南韓)

大邱

北九州
福岡

九州

鹿兒島

長崎

對

馬

海

峽

國

釜山

國

濟州島

黃

海

東

渤

海

海

琉

球

群

島

○圖 7-1 東北亞地形圖

第一節　日本的自然環境

樞紐的地理位置

　　日本由北海道、本州、四國、九州四大島嶼和眾多小島所組成。孤立的位置使日本不易被入侵，而海陸交會的優勢使日本易於吸收漢文化和西方文明，在學習、模仿並加以改造後，形成獨特的日本文化。

　　日本因位居歐亞板塊與太平洋板塊的接觸帶上，為世界火山、地震最多的地區之一（照片 7-3），而地震引發的海嘯更在沿海地區造成嚴重的破壞，如 2011 年日本東北外海發生規模 9.0 的大地震，地震引發的巨大海嘯使得東北與關東太平洋沿海地區約 2 萬人遇難或失蹤（照片 7-4）。位於板塊接觸帶也並不是只有帶來災難，地熱使得溫泉資源遍布，深受日本人喜愛，形成日本獨特的「溫泉文化」。

↑照片 7-3　富士山。為一座活火山，被日本人視為聖山的富士山海拔 3,776m，是日本最高峰

↓照片 7-4　311 海嘯。海嘯英文為 tsunami，來自日文「津波」，意為海嘯的發音，可見日本是全球常受海嘯侵襲的國家之一

↑ 照片 7-5 新幹線是全世界最早實用化的高速鐵路系統

二 山多平原少的地形

　　山地、丘陵約占日本國土的 75%，使得人口多集中於沿海平原，造成都會區人口密度極高。為克服多山又破碎的地形限制與紓解大量的通勤人潮，日本相當重視交通建設（照片 7-5）。

　　有限的陸地資源使得日本「以海為田」，透過填海造陸來增加土地面積。日本自然資源匱乏，但四面環海且有寒暖流交會，漁業資源十分豐富，漁產品在日本人的飲食文化中占有重要地位，每年的消費量約占全球的 15%。

饕客筆記

空間的主人，也是空間的奴隸

　　生活空間狹小的日本，為因應環境而形成許多具特色的生活型態，舉例如下。（照片 7-6）

1. 居家生活：教導民眾如何在有限空間創造高效收納機能的節目，十分受到觀眾喜愛。
2. 地鐵：為紓解大量的通勤人潮，在車站有專門的服務人員負責在列車開動前，將堵在車廂門口的乘客「塞」進車廂。
3. 膠囊旅館：通常位於車站附近的膠囊旅館，提供錯過末班車的上班族或旅人方便且價格低廉的住宿選擇。
4. 輕型車：日本街頭常見價格實惠、體積小且低耗能的輕型車。
5. 填海造陸：如東京迪士尼樂園、關西國際機場等均是填海造陸的新生地。

↓ 照片 7-6 善用空間的日本人

①

②

③

④　⑤

三 四季分明的氣候

　　日本屬於**溫帶季風氣候**，由於四面環海，加上黑潮的影響，故較同緯度的亞洲大陸還要溫暖潮溼（圖 7-2）。降水主要集中於東南季風盛行的夏季，而冬季之西北季風越過日本海海面，帶來的水氣使本州西岸有冬季降水。

　　冬季乾冷、夏季溼熱，使日本擁有四季分明的景色，每年吸引大量觀光人潮湧入（照片 7-7）。但因位於颱風行進的主要路徑上，每年 8～10 月常有颱風侵襲，往往造成嚴重災情。

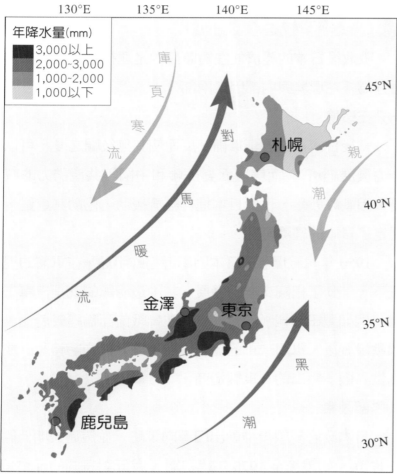

↑圖 7-2 日本年降水量分布圖

→照片 7-7 北海道四季分明的景緻

春季的櫻花

夏季的薰衣草

冬季的白雪

秋季的楓林

關鍵特搜

人均 GDP

GDP（國內生產毛額）是指一定時期內（通常為一年），一個國家所生產出全部的產品和勞務的市場價值，將 GDP 除以總人口即為人均 GDP，是衡量一個國家經濟狀況和發展水準的重要指標。

↑照片 7-8 豐田汽車。豐田市位於愛知縣，因豐田汽車總部設置在此，故從舊名舉母市改為豐田市

關鍵特搜

年功式薪資

是指個人薪水隨著年資增加而不斷提高，職位也隨之提升的一種慣例。

第二節 日本的經濟

　　日本歷經二次大戰的摧殘，但戰後卻以驚人的速度恢復經濟水準，1968 年躍升為當時僅次於美國的世界第二大經濟體，目前人均 GDP 超過 4 萬美元，是全球最富裕的國家之一。

一 戰後經濟快速復甦的因素

　　戰敗後日本的經濟能在短時間內迅速復甦，主要原因可分為外在環境與內部因素兩部分：

㈠外在環境

　　戰後日本被迫放棄軍備，反而使其無後顧之憂，可以全力發展經濟，而美國面對蘇聯和中國等共產勢力的威脅，因戰略考量，也對日本進行經濟援助，協助其重建，穩定了日本的經濟發展。

　　1950 年韓戰爆發，日本因鄰近朝鮮半島，在軍需的提振下，帶動了相關產業的發展，其中最明顯的就是汽車工業。例如豐田公司（照片 7-8）在韓戰前面臨經營危機，韓戰爆發後，軍用卡車的需求增加，讓豐田由虧轉盈，成為世界數一數二的汽車製造商。

㈡內部因素

　　日本政府於戰後推動**出口導向**策略，並透過長期低匯率政策，如戰後至 1970 年代初期，美元對日圓的匯率是 1:360，使得日本產品在國際上具有相當大的競爭力，出口大幅成長，累積了大量的外匯。

　　日本企業多採**終身雇用制和年功式薪資**，員工願意為公司全心奉獻，人員流動率低亦使公司有效率的經營。受到傳統武士道精神的影響，日本人重視團體甚於個人，為了團體的目標，願意犧牲自己的利益。日本員工擁有高教育水準、盡忠職守、態度嚴謹、高儲蓄率及重視和諧的民

族性，這些特質造就了日本的高品質勞動力，可說是日本戰後重建的最佳籌碼。

全球化下的日本經濟

日本目前是世界第四大經濟體，也是第四大貿易出口和進口國，是全球經濟最發達和生活水準最高的國家之一。而日本的文化產業，如動漫、電玩、文學在全球亦擁有相當大的影響力，尤其是動漫產業，約占世界相關產品產量的 60%，為世界第一（照片 7-9），但近年韓國投入競爭，開始面臨市場退縮的挑戰。

2004 年起，中國成為日本最大的貿易夥伴（表 7-1），雖然產業外移嚴重，但日本身為東亞的經濟龍頭，對亞洲經濟具有主導作用，透過技術、產業轉移，使中國、東協等國仍對其高度依賴。

↓ 表 7-1 2021 年日本主要進出口貿易夥伴

順位	進口			出口		
	國家	總額（億美元）	%	國家	總額（億美元）	%
1	中國	1,855	24.1	中國	1,635	21.6
2	美國	809	10.5	美國	1,349	17.8
3	澳洲	519	6.7	臺灣	544	7.2
4	臺灣	334	4.3	韓國	525	6.9
5	韓國	320	4.2	香港	354	4.7
–	東協	1,134	14.7	東協	1,133	15
–	歐盟	857	11.1	歐盟	698	9.2

↓ 照片 7-9 日本的動漫產業帶動國內商機，每年也賺進大量外匯

↑ 圖 7-3 日本四大工業汙染公害分布示意圖

三 經濟高度發展下的問題

經濟高度發展的過程中，日本社會也產生了許多衝擊，如環境汙染、產業空洞化、少子化和高齡化造成的人口結構改變與泡沫經濟等。

㈠環境汙染：快速工業化的過程中，許多環境問題逐漸顯現出來（圖 7-3），1960 年代後期爆發數個公害事件，如因汞汙染引起的「水俁病」和因鎘汙染引起的「痛痛病」等。

㈡產業空洞化：1980 年代後，日圓升值使得人力成本提高，許多工廠遷移到海外，導致國內生產規模縮小，引發失業率上升、產業面臨轉型的現象。

㈢人口結構改變：日本平均壽命長，加上生育率低，人口老化問題較其他國家更嚴重，不僅造成老人照護與醫療問題，更面臨勞動力短缺的情況，故日本政府鼓勵老人與女性投入就業市場（照片 7-10），並且研發機器人取代人力。

↓照片 7-10 日本老年工作者。老年人口占日本總人口比例超過 20%，老年人口就業情形普遍

㈣泡沫經濟：1985 年日圓急速升值，加上日本銀行的利率低，資金大量流入房地產及股票市場，造成地價及股

價大幅攀升，大量的投機活動並無實體經濟支撐，產生泡沫經濟。1990 年代初泡沫破裂，股價和房地產價格暴跌，企業、銀行大量倒閉，對日本經濟造成了嚴重打擊。

 關鍵特搜

泡沫經濟

　　如果將沙士倒進杯中，在泡沫滿出杯子時，雖然看起來有一整杯沙士，但經過一段時間，我們便會發現杯中的沙士只剩下一部分（圖 7-4）。因此用泡沫經濟一詞來形容未建立在實質財富累積而製造出的經濟榮景現象，如同泡沫般只是假象。

↑圖 7-4 泡沫經濟示意圖

牛刀小試 7-1

日本的地方特色

　　日本郵局於 2009 年開始，每年推出一系列「地區限定」的明信片，以各地的特產、建築、人物或景點等設計成具有代表性的明信片，而且只有在當地才買得到。請回答下列問題：

1. 請同學判斷下列的 A〜D 四張明信片，應該是分別屬於哪一個城市的名產或特色？

Ⓐ 苦瓜

Ⓑ 鐵塔

Ⓒ 藝妓

Ⓓ 蘋果

| 京都 | 東京 | 青森 | 沖繩 |

2. 右圖為岐阜縣的明信片，這種特殊的合掌屋民宅是日本知名的世界文化遺產。請問這樣的建築形態與當地何種特色最相關？

第三節 朝鮮半島——中日間的橋梁

　　朝鮮半島北與俄羅斯、中國相接，東與日本相望，自古便是中、日文化交流的橋梁。二次大戰時被日本占領，戰後半島北部由蘇聯管理、南部由美國統治。1948 年以北緯 38 度為分界，分別獨立為朝鮮（朝鮮民主主義人民共和國）及韓國（大韓民國）；1950 年韓戰爆發，1953 年兩韓在接近北緯 38 度的板門店簽訂停火協議（照片 7-11）。

🔽照片 7-11 聯合國協調的共同警備區跨越北緯 38 度線，遊客可以向其一政府申請後，進入此區短暫瀏覽，觀察兩國的差異，與前線的肅殺之氣。

▲ 由韓國看向朝鮮

▲ 聯合國會旗在兩國邊界之上

🔽 由朝鮮看向韓國

朝鮮半島境內多山（照片 7-12），山地和高原占半島總面積的 80%，以東側的太白山脈為主幹，受海浪的侵蝕，東海岸形成懸崖峭壁；西部和南部坡度平緩，形成平原和許多近海島嶼與港灣。朝鮮半島位居大陸與海洋

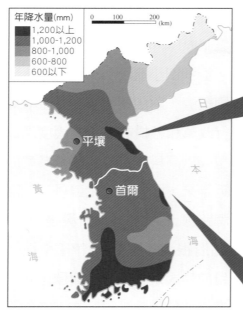

7 月的平壤

1 月的首爾

↑圖 7-5 朝鮮半島年降水量分布圖

交界處，氣候上深具過渡性，全境屬**溫帶季風氣候**，夏季高溫多雨，冬季寒冷乾燥，降水集中於夏季，南部因迎東南季風，降水量由南向北遞減（圖 7-5）。

↓照片 7-12 韓國雪嶽山國家公園

一 韓國──不服輸的阿里郎

自 1960 年代起，韓國經濟迅速發展，在 1970 年代被譽為「亞洲四小龍」。1997 年亞洲金融風暴襲擊韓國，重創韓國經濟，經由國際貨幣基金 (IMF) 的援助與政府對經濟進行改革和結構調整，韓國度過危機的同時，經濟也逐漸轉型成以高科技為核心的產業型態。

近年來，面對全球化競爭，韓國政府堅持走價值提升和品牌路線，大力補助研發經費。由於國際貿易在韓國 GDP 占有很大的比重，韓國積極與各國簽署自由貿易協定，目前韓國是全球少數與歐盟和美國兩大經濟體簽署自由貿易協定的國家。韓國亦不斷的運用產業優勢，活躍於國際舞臺（照片 7-13），進而推動更多的實質外交，如 2002 年日韓聯合主辦世界盃足球賽、2005 年在釜山召開亞太經濟合作會議、2010 年在首爾舉行二十國集團 (G20) 高峰會、2018 年在平昌主辦冬季奧林匹克運動會等。

⬆照片 7-13 潘基文。前任聯合國秘書長、韓國前外交部長

⬇照片 7-14 韓劇常見的拍攝場景──景福宮。韓劇在亞洲地區廣為流傳，並引發「哈韓」風潮

韓國的文化產品輸出在世界上名列前茅，政府成功創造出幾乎是零汙染的綠色產業「韓流」，將韓國的文創產業推向國際，包括流行音樂、電影、電視劇、遊戲軟體及服飾，在世界各國造成流行熱潮（照片 7-14、7-15）。

在經濟發展的過程中，韓國政府集中扶植大企業，形成以大財閥為核心的經濟體系，如三星、LG、現代等。以三星集團為例，2014 年產值約占韓國 GDP 的 22%，更是全球百大品牌前 10 名（照片 7-16）。大企業日益壯大，使其產品在世界上極具競爭力，但政府扶植大財閥的發展模式，卻嚴重壓迫中小企業，亦限制了韓國消費者的選擇權。

↑照片 7-15　韓國藝人。BTS 風靡全世界，歌曲耳熟能詳

↑照片 7-16　2015 年三星智慧型手機在全世界銷量奪冠

饕客筆記

三星人生

CNN 記者：「韓國人在三星的醫院出生，住在三星住宅、用三星手機、看三星電視、開三星車，刷三星信用卡、在三星醫療中心過世前，還能買三星的保險。」CNN 形容韓國人過「三星人生」，生老病死、食衣住行幾乎全都包了。韓國大財團三星、現代、SK、LG、樂天等 5 大企業，掌握了經濟命脈，除了三星，樂天集團旗下數十間超市百貨（照片 7-17）、LG 從清潔產品到家電均有生產，韓國人戲稱，連牙膏都要用名牌。大財團事業版圖跨足各領域，亦提供較高薪水、較好的福利，故進入大企業工作成了韓國人的重要目標。

⬇照片 7-17　韓國大企業版圖跨足各領域

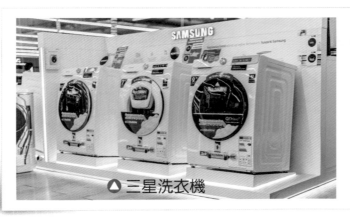

▲三星洗衣機

▼樂天超市

表 7-2 1960、2020 年韓國與朝鮮人
均 GDP 比較（單位：美元）

	1960	2020
韓國	79	31,489
朝鮮	144	1,360

二 朝鮮——封閉的國度

　　朝鮮擁有豐富的礦產資源，韓戰後實行高度集中的計畫經濟體制，使戰時遭到破壞的國民經濟迅速恢復（表 7-2）。1970 年代中期，計畫經濟體制的弊端逐漸浮現，經濟增長率降低、技術進步緩慢，民眾生活水準逐漸與韓國產生落差；1991 年蘇聯解體，朝鮮失去糧食與能源上的援助，經濟發展更是每況愈下。朝鮮長期優先發展重工業，導致輕工業和農業發展嚴重落後，人民生活困苦，加上連年天災，使得因饑荒而死亡的人民不計其數。1994 年的大饑荒，至少使朝鮮十分之一的人口喪失了生命，誘發朝鮮民眾越過中朝邊境，造成大量的「脫北者」。

照片 7-18 朝鮮已故領導人銅像。很多朝鮮人相信
　　金日成和金正日創造了世界，並且能夠「控制天氣」

　　朝鮮是個封閉、集權的國家，對內控制經濟、政治和社會（照片 7-18），對外則實行資訊封鎖。目前中國是朝鮮最大的貿易伙伴，每年向朝鮮提供大量的糧食和燃料，但這個封閉的社會仍是全球最赤貧、開發程度最低的國家之一，糧食、電力短缺（照片 7-19）、國民長期營養不良、沉重的軍費負擔、基礎建設失修等問題亟待解決。

　　朝鮮的核子武器和飛彈計畫，在國際社會上遭受抨擊，其政治、經濟和外交走向成為牽動朝鮮半島乃至整個東亞局勢的重要因素。在世界正以一日千里的速度發生劇變時，這個備受爭議的國度，正慢慢揭開它的神秘面紗（照片 7-20）。

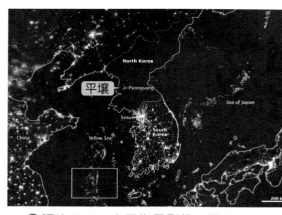

↑照片 7-19　東亞衛星影像。電力短缺是朝鮮經濟發展瓶頸之一，由夜間衛星照片可看出，除了平壤，各地仍然供電不足

↑照片 7-20　朝鮮相關書籍。近年發行一些由脫北者口述朝鮮人民生活的書籍，讓臺灣民眾對朝鮮的生活有更廣泛的了解

Sushi

壽司——
從保久食品到快速上桌

　　壽司是日本最具代表性的料理之一，但其實壽司原為一種長期保存食物的方法。壽司的日文有「酸味」的意思，是將魚、肉放入鹽與蒸熟的米飯之間醃漬，經過發酵熟成後會產生自然的酸味，便能長期保存魚和肉，食用時通常不吃用來醃漬的米飯，只吃魚和肉。後來人們縮短發酵時間，讓米飯不會變得太黏稠，便開始一起食用魚類與米飯。

　　壽司會變得普及的關鍵是因為十七世紀時黑潮發生變化，漁獲量大增，一天大約可以打撈到一萬條鮪魚，為了消化這些漁獲，出現了鮪魚握壽司。1836 年日本發大饑荒，名古屋有店家在油豆腐當中塞豆腐渣販賣，形成了最早的稻荷壽司。稻荷壽司不但製作方法簡單、價格便宜又營養，因此廣受好評。

　　此外還有捲成條狀的捲壽司、放在盒中壓實的箱壽司等，也是日本人生活中不可或缺的料理。

稻荷壽司

捲壽司（加州捲）

散壽司

Tempura

天婦羅、關東煮、甜不辣，
傻傻分不清楚？

　　天婦羅是由葡萄牙傳教士於十六世紀傳入日本，後來於日本流行的外來飲食。在復活節前四十天的齋戒期間（拉丁文 temporas），葡萄牙船員以炸鯡魚取代肉食，日本人便以「てんぷら（音 tempura）」為此種料理命名。後來日本的天婦羅出現了專屬的醬汁，脫離葡萄牙料理的框架，奠定日本料理的形式。

　　日本人中天最愛吃的就是關東煮，關東煮最初是一種豆腐料理，作法是將豆腐塗上味噌後燒烤。後來有人嘗試用蒟蒻代替豆腐，吃法也由「燒烤」轉變為「水煮」，結果蒟蒻的口感更好，便逐漸取代了豆腐。到了十九世紀，人們放進蒟蒻之外的食材熬煮湯頭，如白蘿蔔、牛蒡、豆腐以及魚類等，這就是關東煮的起源。而「關東煮」是關西人為了區別關西出產的傳統料理而稱之。

　　天婦羅在日本關東與關西地區其實指兩種不同的東西。關東的天婦羅為一種魚貝類或蔬菜等裹以小麥粉與蛋汁，並油炸的日本料理，在臺灣多直接寫作天婦羅，一般只在餐廳中販賣；而關西的天婦羅為一種魚漿由炸食品，避免與前述之天婦羅產生歧異，臺灣將其音譯為甜不辣。

關東煮

	天婦羅	關東煮	甜不辣	黑輪
日本	關東：將魚貝類或蔬菜裹粉並油炸。 關西：一種油炸魚漿食品。	用昆布或鰹魚湯煮雞蛋、蘿蔔、蒟蒻、竹輪等食材，與湯一起食用。	－	－
臺灣	同關東用法。	同上。	音譯自「天婦羅（てんぷら）」 臺灣小吃，料理方式源於日本關西的天婦羅，但在食材、湯頭、食用方式（沾醬）都已發展成臺灣口味。	音譯自「關東煮（おでん）」

Chapter

8

東南亞

↓ 泰國昭披耶河河口的水上市場

第一節　東南亞的自然環境

　　東南亞陸地上與中國、印度相鄰，海上位處太平洋及印度洋之間，全境共 11 個國家，可分為中南半島及南洋群島兩大地理區。自古以來即為貿易的重要通道，造就出種族、宗教及文化上多元的色彩。

一　大陸延伸的中南半島

　　中南半島包含越南、寮國、柬埔寨、泰國、緬甸共 5 國（圖 8-1）。地形上為中國橫斷山脈的延續，山同脈、水同源，山河相間的**縱谷地形**為其特色（圖 8-2）。地勢北高南低，往南延伸的馬來半島，為太平洋、印度洋兩大洋的分界。多數河川下游的沖積平原及三角洲（照片 8-1），土壤肥沃盛產稻米，是人口集中與農業發展的精華區如曼谷、胡志明市。其中**湄公河**為半島上最重要的河川，流經 5 國供應各國用水，也帶來豐富沖積物質滋養大地，洞里薩湖（照片 8-2）為東南亞最大淡水湖，也提供柬埔寨豐富的漁獲。

關鍵特搜

橫斷山脈、縱谷地形

　　橫斷山脈，指中國西南部，青藏高原東南緣山川並列的山脈，因山高谷深，阻斷東西向交通的往來，稱之為「橫斷山脈」。河川主流與山脈走向平行，稱為「縱谷」，反之為橫谷。

⬆圖 8-2　縱谷示意圖

⬇照片 8-1 三角洲平原上的稻作景觀

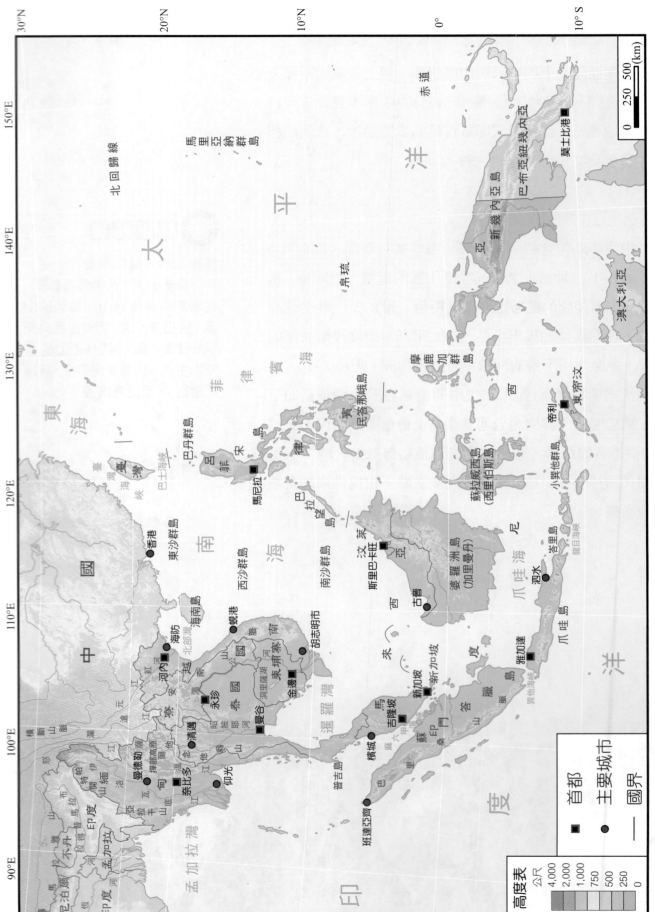

▲ 圖 8-1 東南亞地形圖

　　北回歸線通過中南半島北部，除山區為高地氣候外，全境多屬**熱帶季風氣候**（圖 8-3），年溫差小，降水深受季風風向及地形影響，乾溼季分明。每年夏季西南季風自海洋帶來豐沛的水氣，為主要的雨季；冬季唯有越南東北部迎東北季風，為冬雨區。隨著季節變換風向的冬、夏季風，是早期東南亞貿易盛行的因素之一。

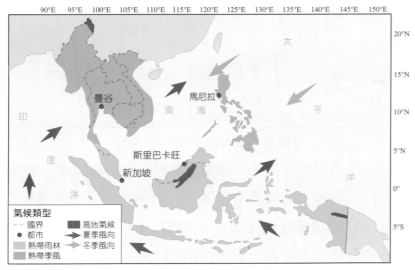

　　　　　　　氣候類型
　　　　　　　－－ 國界　　　■ 高地氣候
　　　　　　　● 都市　　　→ 夏季風向
　　　　　　　■ 熱帶雨林　→ 冬季風向
　　　　　　　■ 熱帶季風

↑圖 8-3 東南亞氣候圖

二 星羅棋布的南洋群島

　　中南半島往南陸塊沒入海中逐漸縮小，島嶼弧狀排列形成南洋群島，包含馬來西亞、新加坡、印尼、汶萊、東帝汶及菲律賓 6 國，由於位在四大板塊交界帶（圖 8-4），

↓照片 8-2 依賴洞里薩湖資源生活的水上人家及其船屋

↑ 照片 8-3 南亞海嘯侵襲前後變化衛星影像圖

↓ 照片 8-4 東南亞地區的高腳屋建築

版塊交界： —— 聚合 ++++ 轉形 —— 張裂
▲ 火山 ● 地震震源 ▨ 地震引起海嘯地區

菲律賓海板塊

歐亞板塊

太平洋板塊

印澳板塊

0 500 1,000
(km)

↑ 圖 8-4 東南亞板塊分布位置圖

火山、地震頻繁，甚至引發海嘯危害居民生命財產。2004年蘇門答臘島的海域發生規模 9.3 的地震，引發大海嘯（照片 8-3），造成環印度洋國家，死傷二十餘萬人。氣候上除了菲律賓所處緯度與中南半島相近，為乾溼分明的熱帶季風氣候之外；其餘地區橫跨赤道兩側，終年高溫，加上間熱帶輻合區 (I.T.C.Z.) 的影響，對流旺盛，呈現全年高溫多雨的**熱帶雨林氣候**。

為了適應溼熱的氣候，高腳屋（照片 8-4）成為此地傳統建築的特色，不但能躲避水患、利於通風、遠離潮溼的地面，也有防範蛇蟲入侵的作用。

第二節　東南亞複雜多元的文化

一　深受中印古文明影響的半島

　　東南亞的人文景觀反映出位置的**過渡性**，中南半島位於中國、印度兩大古文明之間，文化發展深受兩國影響。半島上的住民多為中國西南少數民族往南移入定居的後代，其中受漢文化影響最深者為越南（照片 8-5），歷史上常視中國為宗主國。

　　宗教方面受印度影響深遠，盛行於緬、泰、寮、柬四國的**上座部佛教**即為代表，隨處可見佛教寺廟，緬甸有萬塔之邦的名號，泰國更將佛教定為國教。而柬埔寨吳哥窟（照片 8-6）的雕刻更是融合佛教與印度教共同作用的表徵，並在 1992 年被列為世界文化遺產，柬埔寨更將其造型展現在國旗上（照片 8-7）。

⬆照片 8-5　越南學習中國漢字所發展出的「喃字」

➡照片 8-6　吳哥窟的「高棉（吳哥）的微笑」雕刻深受佛教與印度教的影響

⬅照片 8-7　柬埔寨國旗

饕客筆記

潑水節

　　東南亞地區泰語民族最盛大的傳統節日潑水節原名為「宋干」，泰國在這天用香車盛佛像及「宋干女神」遊行，沿途接受群眾的潑水祝福。宋干源自梵文，有「循環」、「運轉」的意思，時間在西曆的 4 月 13 日至 16 日之間，當天代表新的一年開始，因此潑水節相當於當地新年節慶（照片 8-8）。

　　而此時也正逢季風交界之際，乾季雨水缺乏，而春夏為萬物成長之時，因此潑水亦帶有期盼雨季降臨以利農耕生活的意涵。

　　在潑水節期間前往中南半島旅遊，隨處可見拿著水槍、水桶互相歡樂潑水的情景，身上愈溼代表獲得的祝福愈多；除潑水外，人們還會相互「抹粉」，為他人抹上白色的粉末，也代表著祝福、傳遞幸福。

⬇照片 8-8 潑水節

▲ 浴僧祈求賜福

▲「宋干節小姐」選美活動

▲ 銀缽裡盛著摻有香料的水，灑在佛像上祈求新年風調雨順

三 伊斯蘭教與西方文化交融的南洋群島

南洋群島在宗教、文化上，深受阿拉伯人及西方國家的影響，阿拉伯人傳入伊斯蘭教成為南洋群島多數國家的主要信仰，印尼為全世界穆斯林人數最多的國家；馬來西亞亦訂定伊斯蘭教為其國教，隨處可見清真寺（照片 8-9、8-10）。

而西方國家則帶來基督宗教文化，其中以菲律賓最特殊，因西班牙及美國的相繼殖民，天主教成為菲律賓的主要信仰，為亞洲少數天主教國家（圖 8-5），但菲律賓南部仍有相當多的伊斯蘭教信徒，因此容易出現南北宗教對立的情形。另一個受天主教影響較深的國家則是越南，因受法國殖民影響，雖以佛教為主要信仰，但也是亞洲國家中少數天主教徒眾多的國家之一。

↑照片 8-9 馬來西亞隨處可見的清真寺

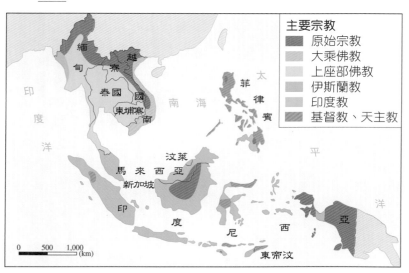

↑圖 8-5 東南亞宗教分布圖

主要宗教
- 原始宗教
- 大乘佛教
- 上座部佛教
- 伊斯蘭教
- 印度教
- 基督教、天主教

↓照片 8-10 麻六甲海峽清真寺位於人工修築的麻六甲島上，水位高漲後，看起來像一個浮動的建築

🍴 牛|刀|小|試 8-1

在地化的麥當勞

　　全球速食龍頭麥當勞在全世界設點銷售，為增加各地的客源，因應當地風俗文化而調整產品內容或行銷手法，如在臺灣推出「米漢堡」系列產品；或如右圖，在東南亞某國將其吉祥物的動作改變，突顯「在地化」的象徵。請問：

1. 右圖的景象最有可能發生在東南亞的哪個國家？

2. 承上題，麥當勞吉祥物所做的動作，與當地何種人文因素有關？

3. 假設你是麥當勞吉祥物的造型設計師，如果要將全球各地的麥當勞改變動作或改變裝扮以因應世界各國的特色，請試著發揮想像力，為各地的麥當勞，設計出不同的在地化動作或造型。

三 殖民地式的經濟產業

　　南洋群島居海上十字路口的位置，成為東西文化、物品交流的重鎮。早期中國貿易商船多至此買賣絲織、瓷器等商品；十三世紀阿拉伯人掌控此海域，與群島城市進行貿易，此處盛產的香料讓當時的歐洲貿易商為之瘋狂（圖 8-6），甚至大舉前往並在此投入政治、軍事、經濟的殖民活動。

　　工業革命後，此地除了泰國作為英、法兩國殖民勢力的緩衝區得以獨立之外，其餘各國皆成為西方列強的殖民地（圖 8-7），進而攫取當地的資源，如印尼的天然氣、汶萊的石油、馬來西亞的錫礦。加上氣候適合種植熱帶作物，殖民時期發展出**熱帶栽培業**（照片 8-11）的經濟模式，如印尼、馬來西亞的油棕、橡膠。即使在政治獨立後，經濟仍被箝制，形成**依賴式經濟**。

依賴式經濟

　　殖民母國為發展熱帶栽培業換取現金，殖民地被迫放棄糧食耕作改種**經濟作物**，造成經濟結構失衡、糧食須仰賴進口，資金、技術等也須依賴殖民母國。

⬆照片 8-11 熱帶栽培業中的橡膠汁液採集

⬆圖 8-6 印尼「摩鹿加群島」被視為香料的來源，吸引西方各國前來，荷蘭更以荷屬東印度公司方式殖民於此

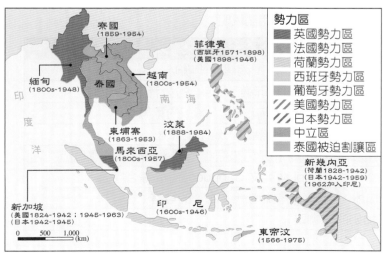

⬆圖 8-7 殖民時代的東南亞殖民勢力分布圖

　　中、印古文明的影響加上阿拉伯、西方的色彩融入，讓東南亞隨處可見各式文化的匯聚（照片 8-12）。在飲食上多元的搭配也成為東南亞的特色；如中國茶文化的薰陶，加上法國帶來的咖啡風潮，讓越南成為少數盛產茶與咖啡的國家，法國麵包與米食都成為越南的主食（照片 8-13）；而南洋群島則常見中國、印度菜餚與咖啡搭配食用的特有文化（照片 8-14）。

↑照片 8-13 法式越南麵包裡填充了各種肉類和蔬菜，是普遍的越南早餐

↑照片 8-14 馬來西亞早餐，常見中式麵食搭配西式飲品

↑照片 8-12 東南亞隨處可見中國風的設計（左）、西方文化的教堂（右上）及印度教的神像（右下）

饕客筆記

新加坡英語 Singlish

　　「Singlish」是流行於新加坡的英語方言，混雜馬來語、英語、中文與中國地方方言。講話時結尾音調會出現上揚的「la」、「me」、「lo」或是「huh」等音。例如小朋友吵架後，說出「I don't friend you lah.」其實是表達「I am not your friend anymore.」。表 8-1 是新加坡咖啡店的各式咖啡說法及由來。

↓表 8-1 新加坡咖啡店用語說明

Singlish 咖啡用語	解　釋	來　源
Kopi	加煉乳的咖啡	馬來語及閩南語之「咖啡」
Kopitiam	傳統新加坡咖啡店	Tiam 是閩南話「店」的發音
Kopi-O	只加糖的咖啡	O 就是閩南語中「黑」的意思
Kopi-C	加糖和鮮奶的咖啡	C 在海南話是「鮮」的意思
Kopi Kosong	奶糖都不加的黑咖啡	Kosong 是馬來語「空虛、烏有」的意思
Koppicinno	卡布奇諾	Kopi 與英文 Cappuccino 的綜合字
Kopi Bing	冰咖啡／咖啡加冰	Bing 是閩南話「冰」的發音
「Kopi O Bing」指的就是「加糖不加奶的冰咖啡」		

四 華人在東南亞

華人與東南亞關係密切，早年的貿易活動造就東南亞為今日全球華人最多的地區（照片 8-15）。然而殖民治理的方式使東南亞出現排華運動，如馬來西亞受英國殖民，採馬來人、華人分開治理，導致彼此間產生隔閡，獨立後掌握政權的馬來人便出現排華的行為。而中國共產黨勢力擴張，也加深印尼、越南、馬來西亞為對抗共產勢力而排華。如今因國際貿易的需求，族群合作已逐漸取代對立。

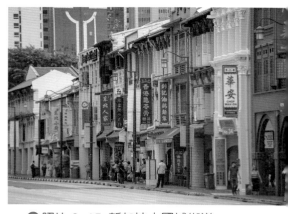

↑照片 8-15 新加坡中國城街道

饕客筆記

東南亞與華人之間的關係

近年臺灣因勞力成本升高，引進大量外籍人力資源（圖 8-8），來源多為泰國、印尼、越南等東南亞國家，兩地之間的關係更顯密切。而新移民配偶（圖 8-9）、新臺灣之子的比例也增加許多。這透露東南亞與臺灣的鏈結不只表現在經貿上，也涉及到社會秩序的維護與重構。

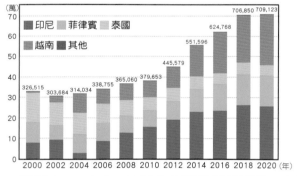

↑圖 8-8 2000～2020 年臺灣地區外籍勞工人數統計圖

↑圖 8-9 2007～2021 年臺灣新移民配偶（外籍配偶）人數

第三節　東南亞的區域結盟

二次大戰後東南亞面臨跨區域的政治經濟議題，東南亞國協及東協自由貿易區因應而生。

一 東南亞國協 (ASEAN；Association of Southeast Asian Nations)

二戰後為防堵共產黨勢力的擴張，泰國、馬來西亞、菲律賓、印尼及新加坡組成東南亞聯盟共同合作，建立各

國彼此對話管道，後正式更名為<u>東南亞國家協會</u>。東協運作初期偏重於政治、區域衝突的解決和二次戰後的重建，各國以振興國內經濟為主要重點，並為維持區域的和平與穩定努力。直至 1999 年，<u>東南亞</u>除<u>東帝汶</u>外，皆為<u>東協</u>成員。

二 東協自由貿易區 (AFTA；ASEAN Free Trade Area)

面對全球貿易自由化及區域經濟的發展，<u>東協</u>於 1992 年起開始計畫在區域內降低彼此關稅以求合作，2002 年正式啟動自由貿易區，以達到區域內自由貿易，並積極吸引外資的投入（圖 8–10）。

為推動東亞區域整合，東協自2002年起與區域外國家合作，最初與中國簽訂協議（東協＋1）

爾後與中國、日本及韓國協商成立「東亞自由貿易區」（東協＋3）積極在經濟與文化進行交流

會員國	創始國	①泰國	②新加坡
		③馬來西亞	④汶萊
		⑤菲律賓	⑥印尼
		⑦緬甸	⑧寮國
		⑨柬埔寨	⑩越南

⑪東帝汶（候選國）
⑫巴布亞紐幾內亞（觀察國）

◀照片 8-10 東協自由貿易區分布圖

＋5

2005年第一屆東亞高峰會上更提出東協＋6的合作機制，納入印度、紐西蘭及澳洲，擴大經濟合作範圍。並於2011年推出《區域全面經濟夥伴協定》（Regional Comprehensive Economic Partnership，簡稱RCEP），期望透過削減關稅及非關稅壁壘，建立16國統一市場的自由貿易定；印度於2019年退出RCEP。

　　臺灣的國際政治地位敏感，在東協經濟擴張中，未能正式與東協簽訂協定，但與東南亞的實質貿易仍有一定的貿易額（圖 8-11），因此積極與 RCEP 會員國間簽訂協定及加強關係，也是近年來臺灣在貿易上努力的重點。

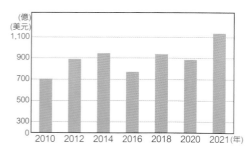

↑圖 8-11　2010～2021 年臺灣與東南亞國協地區貿易總額

饕客筆記

東南亞共同體 (AEC；ASEAN Community)

　　2015 年 12 月 31 日，東協在積極發展區域經濟、與鄰近國家合作下，正式推動成立東南亞共同體（圖 8-12），成為全球僅次於中國、印度，人口達 6.3 億的第三大「國」，未來經濟發展的貿易額，更可能超越歐盟成為全球第一大經濟體。

↑圖 8-12　東南亞共同體

香氣襲人 泰美味

Thailand

　　東南亞因所處位置，文化上複雜多元：自古有來自中印兩大文明的陶冶，亦有與阿拉伯人的貿易交流，殖民時期更融入西方色彩，配合當地的自然環境，反映在料理上成為獨特的風味美食。

　　近年由於外籍移工及新住民的增加，臺灣街頭常見許多美味的異國料理，其中酸甜鹹辣的菜色常被概稱為「泰式料理」，但知名的椒麻雞和月亮蝦餅卻非泰國所創：椒麻雞屬雲南菜色，月亮蝦餅也是臺灣人改良後的美食。以下就泰國的美食特色作一介紹。

香料

香茅、檸檬葉、香菜等是泰國菜常見的香料，而大小不同、新鮮或乾燥的辣椒，加上種類多樣的薑，以及東南亞特有香料如羅望子、椰奶以及魚露等，都讓泰國菜的風味更加豐富，雖處於熱帶季風氣候區，天氣溼熱，但酸、辣、鹹、甜、苦等風味獨特的泰式菜餚，深受全世界喜愛。

「咖哩」來自南亞的泰米爾語，辭義泛指「含辛香料的醬汁」，因為西方殖民母國的誤用，將東南亞的一些醬汁也稱做咖哩，實際上除了泰式黃咖哩與南亞咖哩，因為添加了薑黃粉而外觀較相似外，兩個菜系差異甚大。

咖哩

咖哩，當地稱做 แกง（音 Gaeng），可說是泰國菜代表之一，有「黃、綠、紅」等不同的調味，也展現不同色彩。以辣度來分，紅綠咖哩分別使用青辣椒及紅辣椒，黃咖哩則添加咖哩粉，使綠咖哩辣度最高，紅咖哩次之。泰國飲食常以咖哩醬汁搭配魚、肉烹煮，即是一道佳餚。

打拋

打拋豬肉是另一道有名的泰式料理，許多人常誤會這道料理是否要將豬肉又打又拋，其實「打拋」是指泰國的香料 กระเพรา（臺灣音譯成打拋葉），早期臺灣餐廳不易取得打拋葉，因此常用九層塔取代。下回若有機會前往泰國，可以點一道打拋豬肉，嚐嚐那道地的泰國風味哦！

水果

地處熱帶的泰國，水果種類豐富且味道甜美，也是泰國甜點的主要食材，街頭常可以看到販售「芒果糯米飯」及「香蕉煎餅」都是泰國的街頭美食。

Chapter 9

南 亞

泰姬瑪哈陵在一天中隨著陽光呈現不同的顏色

　　豐饒的物產、廣大的市場及悠久的印度河文明，約有一千多個民族聚集的南亞地區可謂文化萬花筒。1950 年代印度曾是最窮的國家，過去 10 年經濟起飛創下金磚奇蹟，但多數人仍只能維持傳統的生活。複雜的背景加上全球化的衝擊，富裕與貧窮、先進與落後、科技與傳統、城市與鄉村、效率與草率如何共存或對立，值得我們關注。

編者，2016

第一節　印度半島的環境與人口

　　南亞包括印度、巴基斯坦、孟加拉、斯里蘭卡、尼泊爾、不丹（照片 9–1）和馬爾地夫（照片 9–2）7 國（圖 9–1）。喜馬拉雅山橫亙北部，將印度半島與亞洲大陸分隔，形勢封閉，而有「**次大陸**」之稱。但西北部有較為低緩的山口，自古以來便成為外來民族進入的通道，使南亞形成豐富多元的人文景觀。

↑ 照片 9-2　由珊瑚礁組成的馬爾地夫。有「印度洋上的珍珠」之稱，是世界知名的度假天堂。由於全球暖化導致海平面上升，目前面臨消失的危機

↓ 照片 9-1　佛教為國教的不丹。不丹不以經濟發展為優先，而是重視生態與傳統文化的保護，被譽為「喜馬拉雅山下的香格里拉」

饕客筆記

印巴問題

　　印度與巴基斯坦兩國間的衝突，以喀什米爾的領土爭議為核心原因。二戰結束後，印度半島擺脫英國的殖民統治，獨立後分裂為印度和巴基斯坦兩個國家，而喀什米爾的歸屬一直沒有商定。雙方為爭奪這個戰略要地爆發三次大規模武裝衝突，其中第三次印巴戰爭印度獲勝，「東巴基斯坦」脫離巴基斯坦，獨立建國成孟加拉。近年來兩國的軍備競賽、核子試驗，使南亞局勢充滿變數。

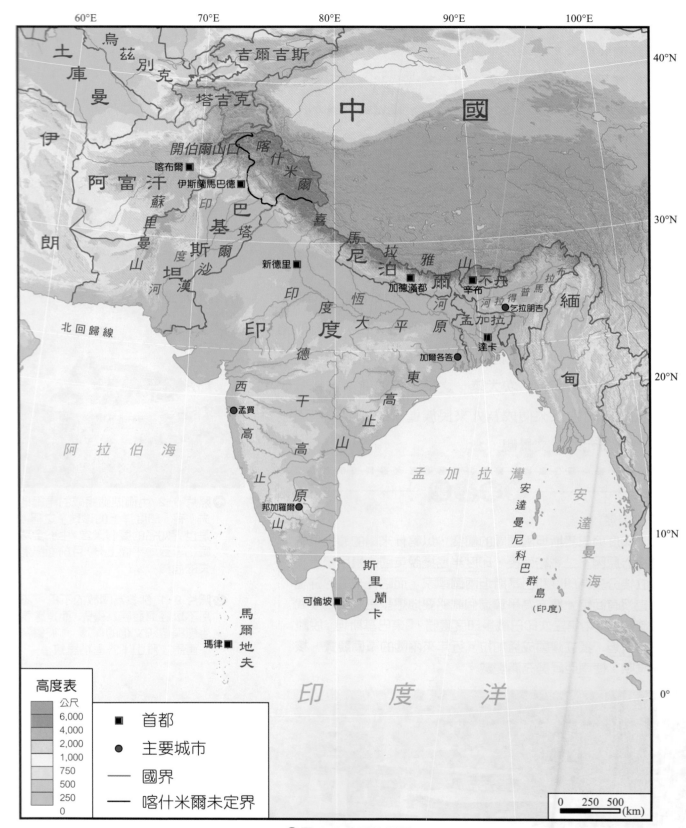

↑圖 9-1 南亞地形圖

一 南亞的自然環境與農業

㈠三大地形區

印度半島屬於印澳板塊的一部分，古陸塊分離後，向北漂移與歐亞板塊碰撞，形成北部山地、南部高原、中部則由河流沖積成平原（圖9–2）。北部喜馬拉雅山地勢高聳（照片9–3），為恆河（照片9–4）與印度河的發源地，冬季可阻擋寒風，夏季則攔截水氣；中部印度大平原為富饒肥沃的土地，是南亞農業精華區與人口密集區；南部德干高原為古老結晶岩，蘊藏豐富礦產。

㈡乾溼分明的氣候

印度半島大多屬於**熱帶季風氣候**，一年可分為 3 個季節：6 至 10 月為雨季，西南季風帶來大量降水；11 月至翌年的 2 月為涼季，東北季風受到喜馬拉雅山的屏障，氣候涼爽乾燥；3 到 5 月為熱季，為季風轉換的季節，乾燥酷熱（圖9–3）。

↑ 圖 9-2 南亞三大地形區示意圖

↑ 圖 9-3 年分三季的熱帶季風氣候

↑ 照片 9-4 瓦拉那西的恆河畔。印度教徒相信，恆河水可洗滌汙濁的靈魂；死後火化的骨灰灑入河中，也能超脫生前的痛苦

↓ 照片 9-3 喜馬拉雅山

㈢農業空間分布

　　季風與地形深深影響南亞地區降水的空間分布，也導致土地利用型態的差異。半島東北部的**乞拉朋吉**，因位於迎風坡，年降水高達 12,000 mm，是茶葉的主要產區（照片 9-5）；印度大平原降水量則由東向西遞減，至印度河中下游地區成為乾燥氣候，如塔爾沙漠，作物型態也從水稻、黃麻，逐漸轉變為以小麥、雜糧為主（圖 9-4）。但季風每年來臨的時間、強弱不定，直接影響當地農業產量的收成。

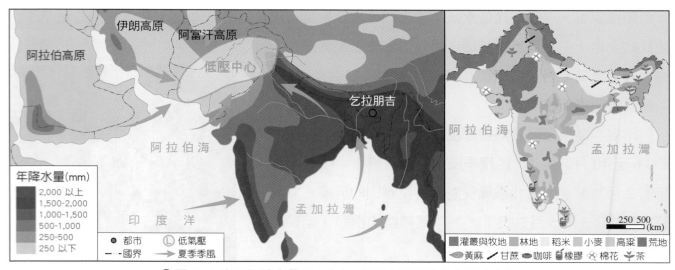

↑圖 9-4 南亞年降水量圖（左）；農業土地利用分布圖（右）

↓照片 9-5 印度東北的阿薩姆邦是知名的紅茶產地，占印度總產量半數以上

人口問題

傳統農業社會重男輕女、早婚多產的觀念，導致南亞的出生率居高不下。2020 年印度人口已達 13.8 億（照片 9-6），是世界人口第二多的國家，僅次於中國；孟加拉與巴基斯坦的人口也都超過 1.5 億，整個南亞承載超過世界 20% 的人口。

眾多的人口提供印度經濟發展的原動力，但**人口壓力**也伴隨許多沉重的社會問題，例如糧食不足，造成印度孩童多數有營養不良的情況。2018 年印度的識字率為 74%，且女性識字率低於男性，顯示出教育資源匱乏，許多無法受教育的印度孩童，因為貧窮而被迫淪為童工（照片 9-7）。

重男輕女的陋習，加上嫁妝習俗，導致大批女嬰遭墮胎和遺棄，出生嬰兒性別比高達 108，男女人口比例嚴重失衡（圖 9-5）。對印度教而言，寡婦更被視為不祥的象徵，會受到家人的歧視與拋棄（照片 9-8）。針對女性的犯罪更是層出不窮，是印度亟待解決的社會問題。

↑照片 9-7　印度童工。全世界童工人數約 1.5 億，印度即占 2 千萬人

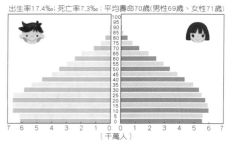

出生率17.4‰；死亡率7.3‰；平均壽命70歲(男性69歲、女性71歲)

（千萬人）

↑圖 9-5　2020 年印度人口金字塔圖。14 歲以下的男孩比女孩多出 1,780 萬人

↑照片 9-8　印度寡婦不能穿有花色的衣服，不能配戴首飾，臉上以灰白色做出標記；甚至有聚集萬名寡婦的寡婦城

↓照片 9-6　在印度，火車是最重要的交通工具，擠滿人的車廂和車頂是常見的景象

⬆照片 9-9　恆河最大支流亞穆納河。新德里一半以上的廢棄物都直接扔入河中，數以百萬計的印度人仍然依賴這條烏黑、發臭的河流解決生活用水

⬆照片 9-11　孟加拉水患

📑 環境問題

　　快速成長的人口不僅耗盡可利用的水資源，同時也帶來日益嚴重的水汙染問題，恆河、印度河都名列世界汙染最嚴重的河流（照片 9-9）。印度政府為了提高農業生產力，於 1960 年代推行「綠色革命」，包括促進機械化、引進新品種和大量使用化肥和農藥，雖然緩解了糧食壓力，卻引發嚴重的環境汙染與貧富差距擴大的問題。此外，印度河流域因灌溉而導致土壤鹽鹼化，耕地生產力低落；而西北部的塔爾沙漠因高壓籠罩且水氣無法到達，形成乾燥的荒漠（照片 9-10），加上當地居民過度放牧與耕作，加劇沙漠化的擴張。

　　在自然災害方面，南亞主要有地震、水患及旱災等問題。印度半島北部位於板塊接觸帶，故地震頻仍，如 2005 年巴基斯坦大地震造成 8.7 萬人死亡。孟加拉位於恆河三角洲，地勢低平，在每年 6 月至 10 月的雨季期間，經常遭受嚴重的水患（照片 9-11），加上全球暖化的影響，孟加拉的產業與生態環境均面臨更巨大的衝擊。而印度西北部地區降水量少，且降水量變率大，常遭逢旱災。

⬇照片 9-10　塔爾沙漠上的聚落

第二節 印度的文化與經濟發展

一 多元文化

(一)民族博物館

印度擁有多樣的種族、語言和宗教，是個具有多元文化的國度。西元前 1500 年，來自中亞的游牧民族亞利安人入侵印度半島，迫使原住民達羅毗荼人往南遷移。多次外族入侵的結果，使當地民族眾多，各民族的方言多達 1,000 多種，光是憲法中承認的正式語言就有 22 種。由於語言眾多，導致種族之間的隔閡，雖然官方語言是印地語，但在政府機構和教育上仍較普遍使用英語（圖 9-6）。

匯率：1印度盧比＝0.38新臺幣

2022 6月

- 阿薩姆語
- 孟加拉語
- 古吉拉特語
- 康納達語
- 喀什米爾語
- 孔卡尼語
- 馬拉雅拉姆語
- 馬拉提語
- 尼泊爾語
- 奧里亞語
- 旁遮普語
- 梵語
- 坦米爾語
- 泰盧固語
- 烏爾都語

印度國徽

印度國父—甘地

10盧比
第二個官方
語言—英語

目前官方語言—印地語

科納克太陽神廟

⬆ 圖 9-6 印度紙鈔。不同的種族擁有各自的文字，使得印度鈔票上印有 17 種文字，為世界印有最多語言的鈔票

(二)宗教萬花筒

印度是世界上最富於宗教傳統的國家之一，擁有眾多與複雜的宗教型態。宗教是印度人生活的重心，亦形塑了獨特的印度文化。世界有 4 個宗教發源自印度，包括佛教、印度教、錫克教和耆那教。目前多數的印度人信仰印度教，人民生活深受印度教教義影響。此外，伊斯蘭教與基督教在印度也擁有為數眾多的信徒。

✕ 牛|刀|小|試 9–1

宗教博物館

馬克吐溫曾說：「在宗教上其他的國家都是窮人，印度是唯一的『百萬富翁』。」意指印度是一個多宗教的國家，世界上主要的宗教幾乎都在印度找得到信徒。

有 4 位來自印度的交換學生上臺自我介紹時，提到各自的宗教，請由他們的描述中判斷，這 4 位同學分別信仰什麼宗教，並填入代號。

____ 1.辛格：我們教徒習慣在右手腕戴鐵鐲，象徵鋼鐵般的紀律！

____ 2.羅摩：在我的宗教裡，牛是神聖不可侵犯的動物，路上駕車千萬不能撞到牛！

____ 3.甘地：我習慣當天吃完煮熟的食物，因為放隔夜會滋生細菌，再吃只會殺死更多生物！

____ 4.可汗：我每天都會朝聖地方向禮拜 5 次，透過這樣的儀式，讓我可以跟真主溝通。

★備選答案：(A)印度教　(B)耆那教　(C)伊斯蘭教　(D)錫克教

㈢種姓制度

　　亞利安人征服達羅毗荼人後，為保持本身的優勢，透過**種姓制度**控制社會，形成特有的種姓階級文化，分成婆羅門（祭司、學者）、剎帝利（武士、貴族）、吠舍（平民）及首陀羅（奴隸、勞役）等 4 個階級，種姓和職業世代沿襲，各種姓間禁止通婚，若違反規定則被列為賤民。賤民為不可接觸之意，在傳統的印度社會中只允許做被認為是非常卑賤的行業，例如喪葬業、掃廁所或理髮等。

　　人民的生活受種姓制度的支配，不同種姓的人不能往來，形成封閉不公平的社會，不僅限制人才的流動與阻礙國家的經濟發展，更加深了社會的**貧富差距**。雖然憲法明定廢除種姓制度，且近年來因教育程度的提升，階級間的界線開始鬆動，但鄉村地區人們仍存在種姓歧視的觀念。

饕客筆記

寶萊塢

　　印度的電影產量居世界之冠，「寶萊塢」是印度電影的生產中心。豐富多元的印度歌舞（照片 9-12），讓人民可以從分明的社會階級與龐大的生活壓力中，暫時獲得解脫與安慰。除了提供娛樂外，也提供印度龐大文盲的間接教育和社會連結，印度電影的票價僅 60 盧比（約新臺幣 23 元），每個人都負擔得起。

↑照片 9-12 印度歌舞電影

饕客筆記

兩極化的印度──貧富差距 & 城鄉差距

　　印度在經濟增長的過程中，區域間、城鄉間的收入差距卻持續擴大，至少超過 4 億的居民生活在貧窮線之下。近年儘管貧窮人口有所下降，但城鄉間內部發展不均卻在擴大中。印度農業勞動力約占全國勞動力 50%，但農業對 GDP 的貢獻卻不足 20%。

　　印度人口最多的城市孟買，是印度全國工商、金融中心，素有印度「商業首都」和「金融首都」之稱。但也因鄉村人口大量湧入孟買，都市建設趕不上人口增加的速度，形成都市內部的貧富差距，約有 43% 的人口居住於貧民窟（照片 9-13）。

↑照片 9-13 孟買。高樓大廈與貧民窟比鄰共存（左）；生活條件惡劣是貧民窟普遍面臨的問題（右）

二 經濟發展

　　印度脫離英國獨立後，在經濟上採行計畫經濟，將石油、電力、鐵路等工業收歸國有，推動了重工業和國防工業的迅速發展。但政府過度保護國內產業、限制外資進入的政策，加上國營企業效率差且貪汙盛行，導致印度經濟成長緩慢。1990 年代，印度政府進行經濟改革，將國營企業私有化、引進外資且擴大出口，讓印度經濟快速增長，2020 年印度的人均 GDP 為 1,900 美元，是 1991 年時的 6.5 倍。在經濟快速成長中，印度的消費力也隨之提升，使印度市場成為全球企業覬覦的對象。

　　印度擁有龐大精通英語的理工人才，加上工資低廉，並利用時差與歐美進行全天的接力式研發，成為新興的資訊服務業與軟體工程師的出口大國。印度政府更在邦加羅爾設置全國第一個科技園區，吸引跨國企業設置軟體研發中心，使邦加羅爾有「印度矽谷」之稱，為印度高科技產業的中心。二十世紀末，許多歐美企業將非核心的業務流程，如客戶服務、資料輸入、電話答錄等委託給印度的公司處理，以降低生產成本，使「**企業流程外包服務業**」(BPO) 成為印度的新興產業（照片 9–14）。印度自 1997 年以來，每年的經濟成長率平均超過 7%，被評為「金磚五國」之一。

　　印度的經濟成就引人注目，然而也面臨了人口壓力、環境汙染、貧富差距及基礎設施不足的問題等待解決。

↑照片 9-14 印度的客服中心

關鍵特搜

金磚五國

　　金磚五國 (BRICS) 指的是巴西 (Brazil)、俄羅斯 (Russia)、印度 (India)、中國 (China) 及南非 (South Africa)。2003 年高盛證券預測，2050 年將超越英國、法國、義大利、和德國等已開發國家，與美國、日本一起躋身世界新六大經濟體。金磚五國擁有廣大的領土、眾多的人口及豐富的資源，近年來經濟增長快速，發展前景極被看好。

饕客筆記

低價為王，夠用就好

　　印度的消費者是全世界出名的斤斤計較，購物常價比 10 家。產品要在印度吃得開，「低價」是首要原則（照片 9–15）。從電信、醫療到消費性產品，印度的「金字塔底端財富」幾乎貫穿所有產業，不但改善印度本身的生活，還嘉惠第三世界貧民。

1. 5 百元手機：2016 年印度智慧型手機用戶約占全國用戶的四成，達 2.7 億人，且在快速擴張中。三星等國際大廠商紛紛推出中低階智慧型手機，因應印度平均新臺幣 2,200 元的手機市場，更有小廠商透過政府補貼，推出千元盧比（約新臺幣 500 元）的智慧型手機。

2. 5 千元液晶電視：Ringing Bells 公司在 2016 年推出售價 1 萬盧比（約新臺幣 5 千元）的 32 吋液晶電視，拉低了印度液晶電視的平均價格，將開啟另一波價格戰爭。

3. 10 萬元汽車：2008 年印度第三大車廠塔塔汽車 (Tata) 推出的小型國民車 "Nano"，創下「世界最便宜汽車」的紀錄，儘管事故頻傳使銷售佳績只是曇花一現，但 2015 年塔塔又捲土重來，推出的 GenX Nano 強調安全與設計方面的突破，售價折合新臺幣仍不到 10 萬元。

↑照片 9-15 印度的汽車與電視

咖哩 複雜多元的味道

提起印度美食，大家首先就會想到咖哩。「咖哩」一詞被廣泛的使用，許多人誤以為咖哩是醬汁中的一種成分，在各地演變出如東南亞咖哩、日式咖哩等。咖哩原意是「醬汁(kari)」，來自泰米爾語，即使在印度也沒有固定的做法，後來更受到殖民母國語言的誤傳而使這種調味方式的支系龐大，成分各異。

基本上印度咖哩是以帶有豔陽色彩的薑黃為基底，再添加胡椒、肉桂、丁香等數十種辛香料所製成，對印度人來說，咖哩就是「把許多香料混合在一起煮」的意思。

由於咖哩的辛辣與香味可以遮掩羊肉的腥騷，恰好切合不吃豬肉與牛肉的印度人的需求，在當地大受歡迎。搭配咖哩的主食，隨著地方所盛產農作物的不同而改變；如北方盛產麥子則多食麵包，南方則以米食為主。在盛產辛香料的印度，幾乎每一個家庭的廚房都有許多香料，並依其喜好擁有各自獨特風味的美味咖哩。

雞肉馬鈴薯咖哩

茄子咖哩

在傳統的南亞廚房裡，並沒有「咖哩粉」這種調味料，所有香料可自由增添，隨用隨磨，但是這種隨性的調味方式對於外國人卻頗有難度，因此英國人便取了香料磨粉、混合，並以「咖哩粉」的名義販賣，讓這複雜而迷人的香氣可以飄香全世界。

吃牛肉是 罪、吃牛乳是 福！

　　直到今日，印度仍是飼養著 3 億頭牛、並與 12 億人口共生存的國家。自印度河流域文明以來，牛就被當作神崇拜，牛的一切都是神聖的，連牛的鳴叫聲都值得歌頌，自然不得殺害牛。

　　擁有這麼多牛的印度，是世界上牛奶產量最多的國家。印度人雖然不食用牛肉，但認為牛乳是神祕的活力來源，也是生命與豐饒的象徵，因而積極攝取。印度人也將煮沸的牛乳冷卻，加入少量前天所剩的乳製品，促使發酵後就是酸奶；或是將酸奶攪拌後加熱、脫水，製成牛油。

　　在印度雖以素食的餐點居多，不過這些料理多半會加入酸奶，以及牛乳製成的乳酪、牛油，例如炒飯或咖哩等。換句話說，在忌食牛肉的印度，得以製造出酸奶與牛油的牛乳簡直是印度料理的根基，印度人也相信，藉由攝取這些牛乳加工品，可以獲得神的力量。

Rasgulla

saag paneer

　　不受宗教保護的水牛，除了要耕作，老年還會被送至屠宰場，但印度人普遍不吃牛肉，國內市場需求量少、價格低，大量且廉價的牛肉外銷，讓印度成為世界牛肉出口第一大國，每年替印度帶來 44 億美元的收入，目前牛肉已經成為印度最重要的出口農產品。

Chapter 10

西亞

⬇ 建立在人工島上的杜拜帆船飯店

聽聽侵略者的話語：「在上天保佑下，我們上演了一場先發
制人的戰爭，我們將會帶來生命之水，來自哈得遜河和泰
晤士河的河水，並流到底格里斯河和幼發拉底河。」

一場衝著河水與樹木而來的戰爭，也衝著鳥兒與孩子臉孔
而來。他們的手綻放著集束彈的煙花，泥土變為紅色與黑
色，坦克與大砲的行使者，導彈猶如鯨魚般飛舞，偌大的
火山在噴出它的唾液。

我們是否應該相信，

侵略可帶來解放的導彈？

文明在核廢料中重生？

敘利亞詩人阿都尼斯，向巴格達致敬

西亞，指亞洲的西半部，因位於歐、亞、非三洲的交
會地帶，自古便是東、西方交通必經的十字路口，戰略位
置重要（圖 10-1）。

第一節　西亞的自然環境

一 高原為主體的地形

西亞北部因位於板塊接觸帶上（圖 10-2），地勢高聳
崎嶇，活躍的火山活動使此區地震頻繁（照片 10-1）並形
成一連串的熔岩高原；南部的阿拉伯高原地表起伏較小，
原屬非洲古老結晶岩陸塊的一部分，後來因紅海陷落、蘇
伊士運河（照片 10-2）的開通，遂與非洲大陸分離。

↑ 圖 10-2 西亞板塊分布圖

關鍵特搜

蘇伊士運河

蘇伊士運河位於埃及境內，
是重要的國際海運航道，連結了
地中海與紅海，大大縮短了歐洲
與亞洲之間的航程。

↑ 照片 10-2 蘇伊士運河的衛星影像

↑ 照片 10-1 2011 年土耳其東部靠近伊朗邊境發生芮氏 7.2 地震，造
成至少 600 人死亡、4 千多人受傷

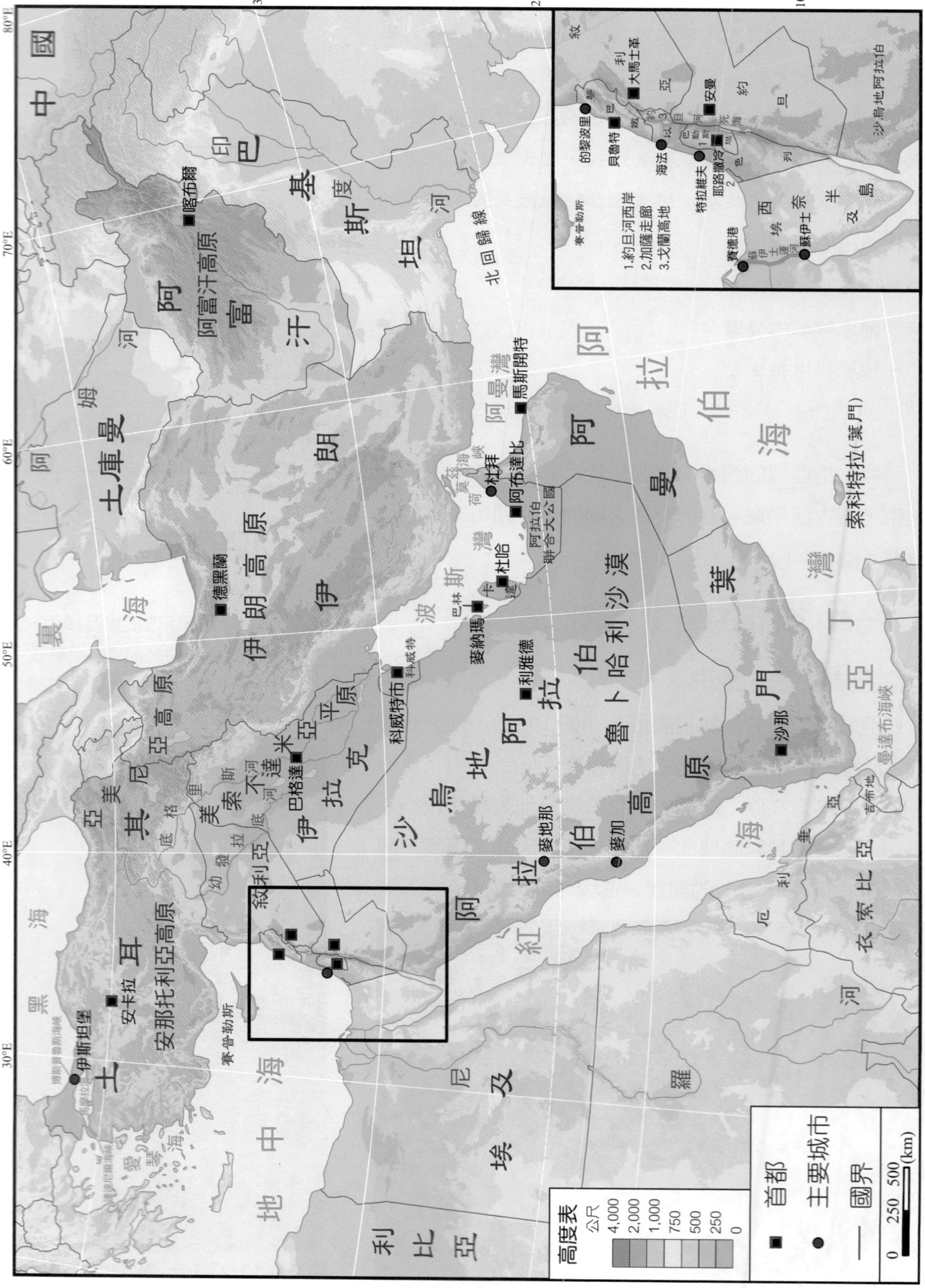

中國
印度
巴基斯坦
阿富汗
阿富汗高原
喀布爾
土庫曼
阿姆河
裏海
德黑蘭
伊朗高原
伊朗
亞美尼亞高原
土耳其
安卡拉
安那托利亞高原
伊斯坦堡
黑海
愛琴海
地中海
賽普勒斯
敘利亞
幼發拉底河
底格里斯河
美索不達米亞平原
伊拉克
巴格達
科威特市
科威特
波斯灣
巴林
麥納瑪
卡達
杜哈
荷莫茲海峽
杜拜
阿布達比
阿拉伯聯合大公國
阿曼灣
馬斯開特
北回歸線
阿曼
阿拉伯海
沙烏地阿拉伯
利雅德
魯卜哈利沙漠
阿拉伯高原
麥地那
麥加
紅海
葉門
沙那
亞丁灣
曼達布海峽
吉布地
索科特拉(葉門)
厄利垂亞
衣索比亞
尼羅河
埃及
利比亞
敘利亞
大馬士革
黎巴嫩
貝魯特
的黎波里
以色列
海法
特拉維夫
耶路撒冷
約旦
安曼
約旦河
死海
西奈半島
蘇伊士運河
賽德港
蘇伊士
1.約旦河西岸
2.加薩走廊
3.戈蘭高地
沙烏地阿拉伯
高度表
公尺
4,000
2,000
1,000
750
500
250
0
首都
主要城市
國界
0 250 500 (km)
30°N
20°N
10°N
30°E
40°E
50°E
60°E
70°E
80°E

圖 10-1 西亞地形圖

位於南北高原間的是**美索不達米亞平原**，由底格里斯河與幼發拉底河共同沖積而成，土壤肥沃、農業發達，孕育了兩河文明，亦是西亞人口集中的精華區。

乾燥的大地

由於受到副熱帶高壓的影響，西亞大部分地區乾燥少雨，景觀以沙漠與草原為主，僅地中海東岸與黑海南岸因冬季有西風帶來的水氣，降水量較豐，形成冬季降水為主的溫帶地中海型氣候（圖 10-4）。為了適應這個乾燥大地，當地居民也衍生出許多特殊的生活方式。

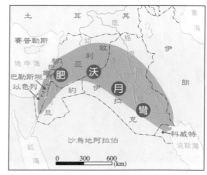

關鍵特搜

肥沃月彎

美索不達米亞平原與約旦河沖積出的巴勒斯坦地區，在乾燥的西亞劃出一塊肥沃的綠地，在地圖上看似一彎新月，稱之為「肥沃月彎」（圖 10-3）。

↑圖 10-3 肥沃月彎範圍示意圖

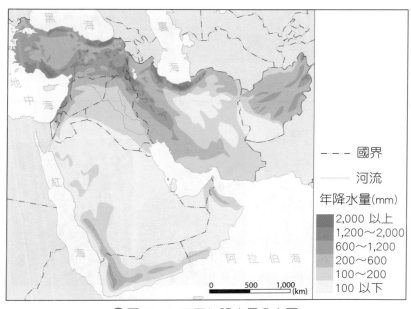

↑圖 10-4 西亞年降水量分布圖

(一)居民生活

沙漠地區乾燥、日夜溫差大，當地居民穿著寬鬆長袍及頭巾，以抵擋日曬與風沙（照片 10-3）。為了能減少屋外的熱氣進入，當地多是將牆壁加厚、窗戶縮小的建築型態；且因氣候少雨不須排水，故屋頂多為平頂形式（照片 10-4），同時可增加使用空間。

↑照片 10-3 從交通標誌上可看出西亞當地獨具特色的服裝風格

↓照片 10-4 伊朗亞茲德 (Yazd) 傳統民居。平頂、厚牆、小窗及沙礫或石材為西亞房屋的特色

(二)游 牧

西亞居民傳統上多以游牧維生，如貝都因人住在遷移方便的帳篷，主要牲畜為駱駝及羊，逐水草而居並兼營駱駝商隊（照片 10–5）。目前部分貝都因人受到現代文明的影響，已放棄游牧，改為定居生活。

⤵照片 10-5 貝都因人及阿拉伯沙漠景觀。貝都因人的運輸、貿易、食物等均仰賴駱駝，駱駝亦代表財富

(三)灌溉農業

在乾燥的沙漠地區，水資源顯得特別的珍貴，若有穩定的地下水或井水供給，可形成肥沃的綠洲。為了充分利用水源以提高產量，種植的作物呈高低成層排列，包括棗椰樹（照片 10–6）、果樹（如橄欖、葡萄）、小麥、玉米、蔬菜等。

其中，伊朗居民為了減少水分的蒸發和汙染，利用坎井（圖 10–5、照片 10–7）以暗渠引山麓沖積扇的地下水灌溉農田，提高了用水的效率；而以色列的「滴灌」技術，更是用高科技的方式，透過電腦控制，將水一滴滴地直接送至植物根部，使蒸發的損失降至最低（照片 10–8），將水資源的使用發揮至最大的功效。

⤒照片 10-6 棗椰樹被稱為「阿拉伯人的母親」，其樹幹可做為建材，葉子可做為籃子和燃料，果實為椰棗，營養豐富，可生食或烘乾後食用

◅照片 10-7 坎井空照

⤵圖 10-5 坎井剖面示意圖

⤒照片 10-8 滴灌

綠洲　澇壩（蓄水池）　出水井　豎井　透水層　地下水層　基岩

─────饕客筆記─────

珍貴的水資源

　　地球上的水體之中，河川、湖泊等人類能使用的淡水僅占 0.01%，也因為汙染使得可利用的水變得更少，全世界面臨「缺水」壓力。

　　西亞地區甚至因為水的使用權而引起許多的紛爭。西亞地區本就受缺水所苦，農地汙染以及灌溉農業的普及使問題雪上加霜。許多波斯灣沿岸的國家，目前靠海水淡化獲得飲用水和農業用水（照片 10–9），但海水淡化需要消耗大量能源與成本，對於較貧窮的國家而言，依舊處在用水壓力之下，人民也將因此受到生命的威脅。

↑ 照片 10-9 科威特海水淡化廠的貯水塔

第二節　西亞的石油經濟

一　得天獨厚的「黑金」資源

　　波斯灣沿岸地區原是淺海，因大量古生物遺骸的沉積，經過地質作用形成豐富的石油資源。根據 2020 年的統計資料顯示，西亞擁有世界大約一半的石油儲量（圖 10–6），其中以沙烏地阿拉伯的生產量最多（圖 10–7）。

　　二十世紀初，英國人首先到伊朗開採石油，後來更多西方的石油公司陸續加入，西亞遂成為世界主要的石油輸出地區；但另一方面，西亞各國十分依賴歐美國家的資金、技術及市場，深具**依賴式經濟**的特色，成為當時亮眼經濟背後的隱憂。

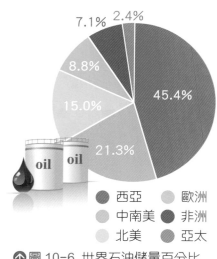

7.1%　2.4%
8.8%
15.0%
21.3%
45.4%

● 西亞　　● 歐洲
● 中南美　● 非洲
● 北美　　● 亞太

↑ 圖 10-6 世界石油儲量百分比

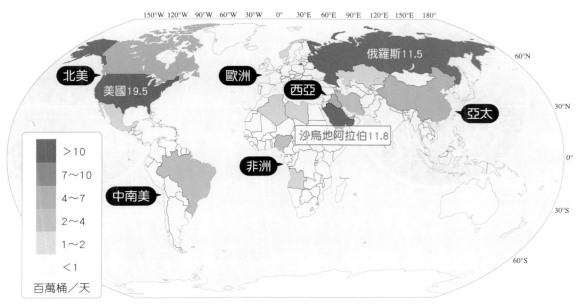
↑ 圖 10-7 2019 年世界主要石油生產國及其生產量

二 OPEC 的角色與石油經濟衍生的發展

在開採初期，西亞石油的探勘、開採和銷售幾乎全部被西方石油公司所控制，以致於歐美國家獲得了大部分的利潤，而西亞產油國的經濟利益卻受到損害。為了擺脫歐美跨國石油公司的壟斷，以保障產油國的權益，1960 年由伊拉克、伊朗、科威特、沙烏地阿拉伯和委內瑞拉成立**石油輸出國組織** (OPEC)。此組織成立的目的，是由成員國共同協調石油價格與產量，間接控制油價，鞏固其在國際石油市場的地位。OPEC 會員國遍及世界各地，2021 年共計有 13 個會員國（圖 10–8），約占全球原油儲量的 80%。

另外，為了降低對石油經濟的依賴，許多國家利用石油收入積極建設、發展觀光，以降低單一經濟的風險，如阿拉伯聯合大公國便利用石油的利潤發展觀光產業，創造經濟的快速發展。

↑圖 10-8 OPEC 會員國分布圖（2021）

↓照片 10-10 世界島和棕櫚島。皆是以人工填海的方式所打造出的島嶼

◀傑貝勒阿里棕櫚島

世界島▶

朱美拉棕櫚島▶

饕客筆記

杜拜

　　杜拜是阿拉伯聯合大公國 7 個酋長國之一，是一個從石油產業成功轉型的例子。杜拜的石油儲量原本就不多，石油收入僅占 GDP 的 6%。而政府也不希望經濟完全依靠有限的石油儲備，於是從國外調度資金整頓港口，設置經濟特區及金融中心，來提振金融相關產業。此外，杜拜積極且致力於發展觀光產業，建造了造型特殊的七星級帆船飯店、世界島、棕櫚島（照片 10-10）、哈里發塔（照片 10-11）等極具吸引力的觀光地區。

　　杜拜的多元發展已使它成為西亞地區的金融中心、轉運中心、觀光旅遊中心及資訊技術產業重鎮，其快速的經濟發展，亦吸引了各國的投資者和勞工湧入。但杜拜擅長奢華的巨型工程耗費許多能源，對環境的衝擊亦大，如何在永續發展與經濟成長間取得平衡，正是杜拜亟需面對的問題。

➡ 照片 10-11 哈里發塔。為世界著名摩天大樓，高度 828m

第三節　西亞的文化與政治衝突

一 伊斯蘭文化

　　西亞是世界三個主要宗教，包括猶太教、基督教及伊斯蘭教的發源地，宗教信仰是當地居民在乾燥惡劣的環境下，重要的精神寄託，其中伊斯蘭教對西亞影響最大。伊斯蘭教教徒稱為「穆斯林」，意為順從者，信仰唯一真神阿拉，視穆罕默德為偉大的先知，日常生活以可蘭經為依歸，並遵循「五功」。另外，穆斯林在禮拜前須潔淨沐浴，且為了健康與維持秩序，禁食豬肉及酒；而伊斯蘭教對婦女的衣著亦有十分嚴格的規定（照片 10-12）。

　　至 2020 年，全球約有 18 億穆斯林，為世界第二大宗教。伊斯蘭教分為兩大教派，約 85% 屬遜尼派，15% 屬什葉派，長期以來，兩派間一直存在著矛盾與衝突，直到現在都沒有停止。

關鍵特搜

五功

　　五功是穆斯林需奉行的 5 個義務，包括：

念：必須時時誦讀清真言。

禮：每天必須面向聖地麥加禮拜 5 次。

齋：伊斯蘭曆 9 月為齋戒月，有日照時禁止飲食，但病患、兒童或長者可豁免。

課：須納稅來賑濟需要的人。

朝：穆斯林均期待一生至少至聖地麥加朝聖一次（照片 10-13）。

➡ 照片 10-12 伊斯蘭婦女的穿著

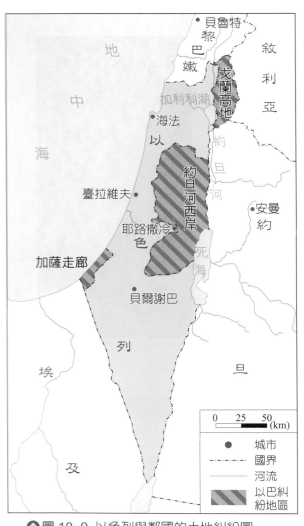

↑ 圖 10-9 以色列與鄰國的土地糾紛圖

↓ 照片 10-13 麥加的朝聖者

二 紛亂的政局

西亞是各種民族和文明匯集之處，因宗教、領土、水資源、石油的爭奪所導致的衝突，自二次大戰至今仍持續不斷。如黎巴嫩的內戰，是伊斯蘭教徒和基督教徒的衝突；庫德族人欲尋求獨立，與土耳其等國發生衝突；遜尼派和什葉派的派系衝突；為了石油利益，西方文明與伊斯蘭文化的衝突等，其中最受到關注的便是巴勒斯坦地區的問題。

1947 年，聯合國安理會的「巴勒斯坦分治決議」，決定將巴勒斯坦地區以猶太人為主的範圍獨立為以色列。因不滿土地被猶太人瓜分，當 1948 年以色列正式建國時，周邊的阿拉伯國家隨即向以色列宣戰，開始了以、阿間無數的戰爭。1967 年以色列占領了約旦河西岸、戈蘭高地、西奈半島、耶路撒冷舊城區和加薩走廊，後來雖然撤離了西奈半島及加薩走廊，但為了確保水源及水權，對約旦河西岸與戈蘭高地的控制仍持續進行，影響敘利亞和約旦的用水（圖 10-9），亦使此區的情勢日趨複雜，邁向和平之路更加困難艱辛。

饕客筆記

猶太教

　　猶太教是世界最古老的一神信仰，約西元前 2000 年在西亞地區產生，對基督教和伊斯蘭教產生深遠的影響。以色列是世界上唯一以猶太人（照片 10-14）為主體的國家，除了以色列，美國是猶太人的主要集中地。世界上許多知名偉人，包括愛因斯坦、畢卡索等都是猶太人。「哭牆」是猶太人心中最重要的聖地，而猶太教的安息日是從禮拜五落日開始到禮拜六的落日結束，虔誠的猶太教徒在安息日不乘車、不接電話、不看電視、不吸菸等。

➡ 照片 10-14 猶太教男性頭上會戴小圓帽，用帽子與天上的神相隔，表示對上帝的敬畏

牛｜刀｜小｜試 10-1

伊斯蘭的開心農場

　　2010 年以來，土耳其竄升為全世界經濟最活躍的國家之一，經濟成長率最高曾達近 9%，為備受矚目的新興市場。橫跨歐、亞兩洲的土耳其，年輕人口上網時數全球第一高，而其經營社群網站也非常成功，由土耳其開發設計的顛峰遊戲 (Peak Games)，穩坐全球第三大社群遊戲平臺寶座。

　　根據報導，顛峰遊戲年營收約新臺幣 73 億元，其中暢銷產品「開心農場 (Happy Farm)」，是恪守伊斯蘭教義的在地版開心農場。你認為這個依伊斯蘭民情設計的遊戲中，會有什麼特色？

（　　）1.玩家在虛擬的「開心農場」中，看不到什麼動物？
　　　　　(A)牛　(B)羊　(C)豬　(D)雞。

（　　）2.在「開心農場」中的玩家，無法買到什麼飲料？
　　　　　(A)芒果汁　(B)葡萄酒　(C)珍珠奶茶　(D)牛奶。

（　　）3.在「開心農場」螢幕中出現的女生，都會有什麼特徵？
　　　　　(A)黑皮膚　(B)戴小圓帽　(C)穿紗麗　(D)戴頭巾。

奉真主之名
謹遵誡律的西亞飲食

咖啡——歐風飲品源自伊斯蘭酒

咖啡的原產地是東非的衣索比亞，十三世紀傳到了阿拉伯世界後才開始被飲用，咖啡這個詞就是源於阿拉伯語 قهوة（音 Qahwa），意思是「植物飲料」。現代將咖啡豆烘焙、研磨後再沖泡的飲用方式，始於阿拉伯半島南端的葉門，為了與風行於世界的歐式咖啡做區隔，現在多稱此區的沖泡方式為「土耳其咖啡」。

《可蘭經》中嚴禁飲酒，炒過的咖啡豆無法發酵，阻斷了私釀酒的可能，更巧的是「炒」反而能釋放咖啡本身的焦香味，增添了咖啡的香氣，咖啡因此成為西亞地區風行的飲品。

西亞地區保有最古老的咖啡品嘗方式，此區飲用的咖啡不會過濾掉咖啡渣、又須反覆沸騰，所以含咖啡因最多、味道最苦，不適合加入奶調合，而是以肉桂、豆蔻等香料提味；而杯底的殘渣可以用來占卜吉凶，也是極為特殊的傳統，甚至男方提親時若煮出的咖啡泡沫不夠，女方可是會加入鹽讓對方知難而退呢！咖啡特殊而完整的飲食文化，在 2013 年被聯合國教科文組織將其列入非物質文化遺產名錄。

直到十六世紀末咖啡才以「伊斯蘭酒」的名義傳至了歐洲。初期被認為是「魔鬼飲料」，禁止飲用，但正值宗教改革，人們認為咖啡能「喚醒理智」。加入了奶、糖後，這種神秘的東方飲料受到大眾喜愛，在歐洲各城迅速流行，新的飲用方式也隨著殖民流傳到各地，成為世界最廣泛、最受歡迎的飲料之一。

羊──游牧民族的可攜式食材

　　豬肉是現在世界上最廣泛使用的肉品，在中國與歐洲是餐桌上不可或缺的美味，但猶太教、伊斯蘭教徒卻認為豬是不潔的動物，並在教義中規定禁止信徒食用任何豬肉及其加工製品。

　　西亞的游牧民族主要飼養的家畜是羊，因為羊最能適應乾燥氣候，且身體各部位皆可有效利用：從吃的方面來看，煎、烤羊肉是最常見的形式，或是以香料調味後，用當地特有的廚具燉煮；羊奶可

飲用、或製成酸奶、起司；清洗過的內臟和骨頭可以熬湯；羊毛可做衣服或毛氈；羊皮加工後也可做為容器和毯子；可以說除了血液外，羊的所有產出都可供使用。在食材難以保存的年代，一頭羊約可供二、三個成人食用，是體積恰到好處的食材，而且羊又溫馴、容易群養，於是成為游牧民族最重要的食材，也成了當地傳統財富的象徵。

　　可蘭經限制食用豬肉的理由眾說紛紜，其中一種說法是因為豬是疫病的傳染媒介，加上豬的乳汁無法被使用，效益不如其它家畜，且豬不耐群居和遷徙等原因，使養豬的弊大於利，難以融入游牧民族的社會。

歐 洲

位於法國斯特拉斯堡的歐洲議會大廈

啊！朋友，何必老調重彈！

還是讓我們的歌聲，匯合成歡樂的合唱吧！

歡樂！歡樂！歡樂女神聖潔美麗，燦爛光芒照大地！

我們心中充滿熱情，來到你的聖殿裡！

你的力量能使人們消除一切分歧

在你光輝照耀下，四海之內皆兄弟。

節錄自席勒，歐盟盟歌歡樂頌，1785

　　歐洲是歐亞大陸西側的大半島，西鄰大西洋，東以烏拉山、高加索山與亞洲為界，南隔地中海與非洲相望。身為現代文明的發源地，歐洲有著得天獨厚的自然環境和豐富的文化背景。

第一節　得天獨厚的自然環境

一　豐富的地形景觀

　　歐洲地形樣貌豐富且多元，平原廣大、高山險而不阻，是成就歐洲現代繁榮的大舞臺（圖11–1）。

㈠險而不阻的山地

　　北歐的基阿連山和英國的本寧山脈為 4 億年前形成的古老山脈，經長期風化高度不高，再加上蘊藏豐富的礦產，是瑞典、英國等國家工業發達的基礎。

　　歐洲中、南部較年輕的新褶曲山地高度較高，如阿爾卑斯山脈高四千餘公尺（照片 11–1），是歐洲主要的山系之一，山脈間多通谷得以往來，交通不致受阻。新褶曲山脈亦是南歐伊比利、義大利、巴爾幹三大半島的脊梁，餘脈延伸入海，形成多灣澳島嶼的地形，提供了向外發展的絕佳條件；本區亦有豐富的石灰岩地形，奇岩怪石隨處可見。

↓照片 11–1 阿爾卑斯山通谷。廣闊的 U 型谷得以形成聚落，地形險而不阻

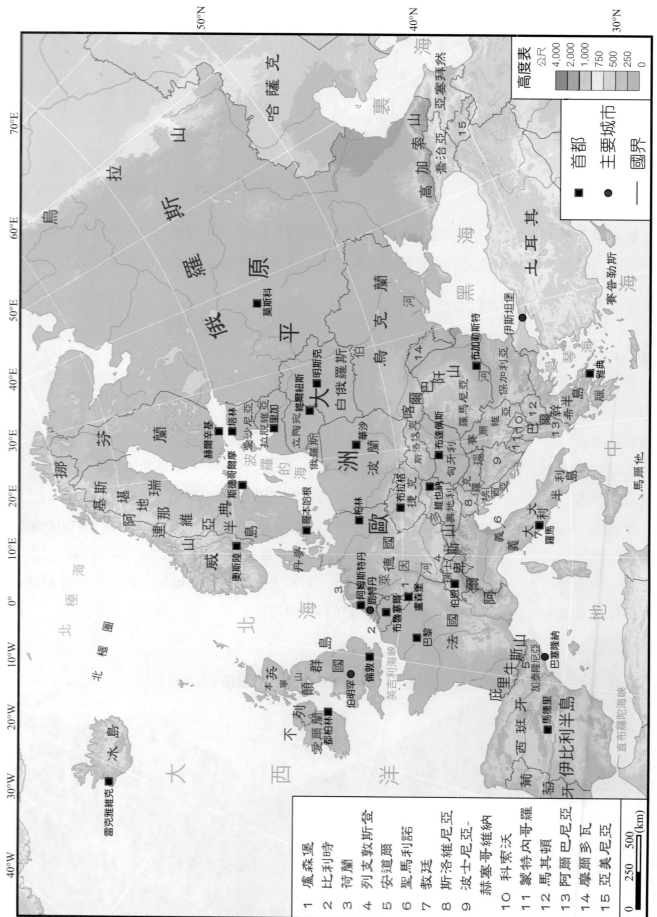

▲ 圖 11-1 歐洲地形圖

高度表

公尺
4,000
2,000
1,000
750
500
250
0

首都 ■
主要城市 ●
國界 ──

1 盧森堡
2 比利時
3 荷蘭
4 列支敦斯登
5 安道爾
6 聖馬利諾
7 教廷
8 斯洛維尼亞
9 波士尼亞‧赫塞哥維納
10 科索沃
11 蒙特內哥羅
12 馬其頓
13 阿爾巴尼亞
14 摩爾多瓦
15 亞美尼亞

0 250 500 (km)

㈡冰河形塑的地形

　　冰河是形塑歐洲地形的重要因子，多發源於高山地區（圖 11-2），基阿連山是歐洲冰河主要的發源地。冰河往四面八方延展，造就出許多冰河景觀，如芬蘭冰蝕湖廣布，素有「千湖國」之稱；古河道延伸入海，融化後海水入侵，形成深邃水道的峽灣（照片 11-2），如挪威沿海有許多良港，就是利用這些港闊水深的峽灣發展起來。

　　廣闊的平原是歐洲最主要的地形景觀，主要分布於英國東南部、法國、德國、波蘭北部、烏克蘭及歐俄一帶，占歐洲面積的一半以上，一般稱為歐洲大平原。此地是冰河發展的外緣，可發現許多冰河遺留下的冰積地形。廣大的平原利於修築道路、開鑿運河，交通往來便利，成為歐洲發展的基本條件，主要都市如倫敦、巴黎、柏林等皆位於本區，是歐洲的精華地帶。

　　阿爾卑斯山角峰、刃嶺等美景遍布，其中瑞士素有「世界公園」的美稱，搭乘其著名的高山景觀火車（照片 11-3），是飽覽湖光山色的絕佳交通工具。

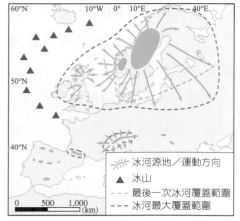

↑圖 11-2 歐洲冰河時期的冰河分布圖

↑照片 11-2 波瀾壯闊的松恩峽灣為挪威最長的峽灣

↑照片 11-3 瑞士的高山景觀火車。由於瑞士高超的火車建造技術，只要坐火車就可以欣賞著名的馬特洪峰

關鍵特搜

冰河地形

　　冰雪降至地面累積壓實後，受重力及壓力影響，順著地勢向下緩緩滑動，即為冰河。冰河是中緯度以上國家形塑地形的重要因子（照片 11-4）。

　　冰層移動過程中，堅硬的冰層、底岩與夾帶的石塊彼此相互摩擦，產生多樣的冰蝕地形，常見的有角峰、刃嶺；冰河消融後，冰河沉積物混雜堆積，成為平原上的冰磧地形，如鼓丘、蛇丘；至於冰河末端以外地區則會形成廣大的平原，如歐洲大平原就是這樣生成的。

↓照片 11-4 冰河地形示意圖

二 溫和的氣候與因地制宜的產業

　　歐洲全境受到西風吹拂、主要山脈多東西走向，使得水氣能長驅直入，賦予產業發展的先天優勢；再輔以**北大西洋暖流**流經，使得大西洋沿岸的降水量充沛，冬季氣溫較同緯度其他地區更為溫和（圖 11-3）。

㈠南歐：分布在緯度較低的環地中海地區，為典型的**溫帶地中海型氣候**。夏乾冬雨、氣候溫和，是歐洲人熱門的旅遊與避寒勝地。農業發展方面，利用灌溉設施克服夏季乾旱限制後，成為歐洲蔬果之供應地，稱為「歐洲的大菜園」。

㈡西歐：大西洋沿岸受西風、暖流影響，終年有雨，為溫和的**溫帶海洋性氣候**，英國、荷蘭、比利時等多屬此種氣候。工業發達的西歐為因應高度都市化的廣大市場需求，農產品以供應乳製品的酪農業及作物、畜產兼具的混合農業為主。

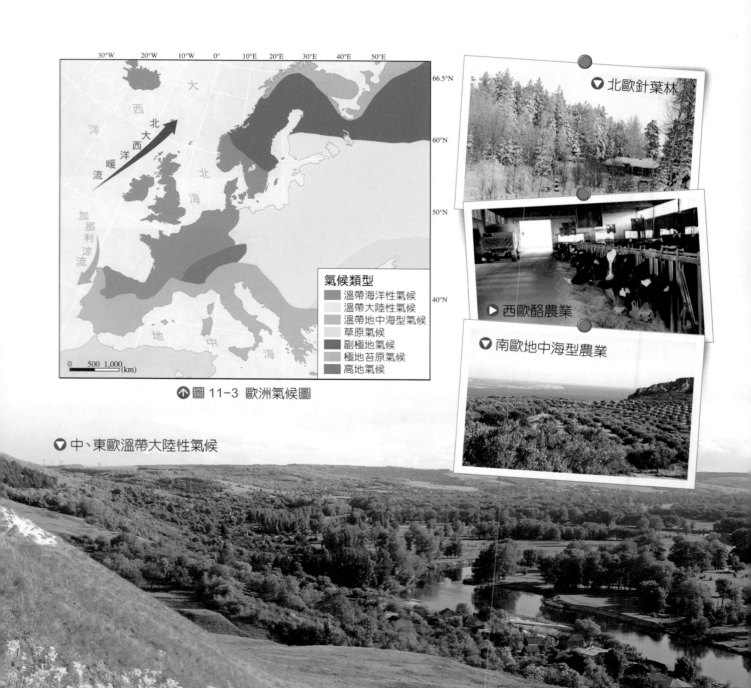

氣候類型
- 溫帶海洋性氣候
- 溫帶大陸性氣候
- 溫帶地中海型氣候
- 草原氣候
- 副極地氣候
- 極地苔原氣候
- 高地氣候

↑圖 11-3 歐洲氣候圖

▽ 北歐針葉林

▷ 西歐酪農業

▽ 南歐地中海型農業

▽ 中、東歐溫帶大陸性氣候

㈢東歐：東歐、歐俄一帶內陸地區，因缺乏海洋的調劑，夏熱冬寒、溫差大；降水量不多，以夏季對流降水為主，**屬溫帶大陸性氣候**。本區的農民比例較西、北歐高，特別是波蘭本身平原廣大，有豐富的小麥產出，再加上工資較低廉，農產品成本較低，近年來成為歐洲的農產及勞工供應地。

㈣北歐：本區緯度較高，主要為寒帶苔原、針葉林景觀，極圈內夏永晝、冬永夜現象最具特色。雖然受制於嚴寒的氣候，農業不盛，但北歐國家仍依自身條件發展，如芬蘭的林業，挪威、冰島的漁業及航運，丹麥的畜牧業等，其中丹麥因鄰近工業國家，成為畜產品的主要供應地，被稱為「北歐牧場」。

第二節　菁華薈萃的人文背景

歐洲各地的宗教、民族及文化發展各具特色，長期的競爭與融合展現出豐富、多元的文化景觀。

一　歐洲文明的發展

地中海夾在歐、亞、非大陸之間，因海象穩定，較早形成繁忙的貿易路線，加上沿地中海區域氣候溫暖，葡萄、橄欖等農產發達，是歐洲文明發源地。

在此發源的希臘文明（照片 11-5）強調人文精神、羅馬文化（照片 11-6）著重實用工藝，不僅厚植歐洲文化，也奠定歐洲思想、法律制度、文學史詩、藝術建築的基礎。十五、十六世紀以來的航海技術及十八世紀以來的工業技術和工業革命更是歐洲現代文明的重要基礎。

↑照片 11-6 羅馬競技場。競技場是古羅馬人觀看搏鬥表演的地方，可視為羅馬大眾文化的代表建築

↓照片 11-5 雅典帕德嫩神廟。其結構均衡、對稱，神聖莊嚴，是古希臘文明最具代表性的建築之一

饕客筆記

教廷

　　教廷是位於義大利羅馬市內的一個城邦國家（照片 11-7）為天主教最高權力者「教宗」的駐地。教廷也是全世界面積最小、人口最少的國家，但作為全球 12 億人口的信仰中心，其影響力不容小覷。教廷是我國目前在歐洲唯一的邦交國，現任教宗為 2013 年 3 月選出的方濟各。

二 多元的文化景觀

　　因同源於古希臘、羅馬文化，使歐洲諸國具有共有的認同基礎，但隨著歷史發展，文化景觀也出現空間上的差異，其中在語言與宗教（圖 11-4、11-5）上尤為明顯。地中海歐洲主要分布拉丁語系民族，信奉天主教（羅馬公教、舊教）；大西洋歐洲則以日耳曼民族為主，信奉基督教（新教）；分布在中、東歐地區的斯拉夫民族則多信奉東正教（東方正教）。近年來隨著交通與資訊的發達，世界各地的文化也紛紛傳入，使歐洲的文化景觀更趨多元。

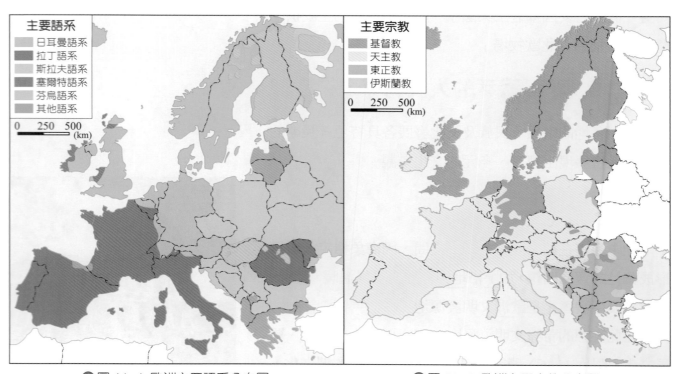

↑圖 11-4 歐洲主要語系分布圖　　↑圖 11-5 歐洲主要宗教分布圖

↓照片 11-7 梵蒂岡城內的聖彼得廣場

三 便利的交通

　　歐洲氣候溼潤、水量豐穩，使河流通航里程長，水運系統發達，其中以西歐的萊因河與東歐的多瑙河最具代表性。再加上平原廣大，利於修築鐵公路系統，陸路運輸十分發達。

(一)源遠流長的河流運輸

1. **萊因河**：萊因河源自瑞士阿爾卑斯山區，一路蜿蜒於法德邊界、德國西部，為貫穿西歐的大動脈，於荷蘭鹿特丹注入北海。沿岸不僅有滿山遍野的葡萄園與忙碌的工業區，更有歷史記憶的古堡（照片 11–8），是世界上最繁忙的流域之一。

2. **多瑙河**：多瑙河是世界上流經國家數最多的河流，發源自德國南部黑森林，流經東歐後注入黑海，支流眾多，串連成龐大的跨國航運系統，成為蜿蜒於歐洲的藍色緞帶；沿岸許多美麗的城鎮，如維也納、布達佩斯（照片 11–9）等，好比是鑲嵌在緞帶上的珍珠。

(二)四通八達的陸路交通

　　寬廣的歐洲大平原降低道路修築的阻礙，除傳統四通八達的公路外，現代的高速鐵路更加速各地的交流。例如縱貫全法的法國高鐵 (TGV)，搭配密集的鐵路網與瑞士、德國、荷蘭等鄰國相接；更可利用歐洲之星 (Eurostar) 鐵路（照片 11–10）跨越英吉利海峽與英國聯繫，形成一個完備成熟的歐洲陸運交通網。

↑照片 11-9 多瑙河沿岸的布達佩斯。匈牙利首都布達佩斯是 1873 年由右岸的「布達」和左岸的「佩斯」兩城合併而成的

↑照片 11-10 停靠在倫敦站的歐洲之星

↓照片 11-8 萊因河沿岸。自古是兵家必爭之地，沿岸城堡眾多

牛|刀|小|試 11-1

歐洲國家面面觀

在人們心目中，歐洲總是有著童話故事般的美景，但不僅如此，身為現代文明的發源地，歐洲各國也累積了豐富且各具特色的人文風情。下圖為歐洲政區圖，請將備選照片中之代號填入對應的國家中。

A 吸血鬼故鄉
B 鬥牛王國
C 莫札特的故鄉
D 頂級汽車工業
E 鬱金香與風車
F 巧克力與鬆餅
G 聖誕老人的故鄉

芬蘭
荷蘭
德國
比利時
奧地利
羅馬尼亞
西班牙

第三節 歐盟的起源及功能

經過兩次世界大戰，歐洲各國意識到和平的重要性，戰後積極參與重建歐洲秩序和區域組織。

一 歐盟的崛起

1950 年代，法、德、荷、比、盧、義等六國針對當時煤、鋼兩項重要的戰略物資，成立共同監督管理的歐洲煤鋼共同體 (ECSC)，為歐洲區域組織的開端；1967 年發展成歐洲共同體 (EC)；1993 年更名為**歐洲聯盟** (EU)，直至 1995 年歐盟總共有 15 個會員國（簡稱 EU15）。

1991 年蘇聯共產集團解體，原共產勢力的東歐國家逐步轉向市場經濟體制，故於 2004 年起，紛紛加入歐盟，是為「歐盟東擴」，歐洲國家愈趨緊密（圖 11-6）。

但是近年來亞洲、非洲的難民大量移入邊界管制鬆散或政策開放的歐盟國家，引發局部社會及政治動盪，使得歐盟國家重新思考如何在區域合作與國家自主中取得平衡。

> #### —— 饕客筆記 ——
> **英國公投支持脫歐**
>
> 2016 年 6 月英國的公投結果支持英國脫離歐盟，但微小的票數差距反映脫歐的利弊仍未明朗。支持脫歐的人認為歐盟規範影響國內經濟與部分自主權，如移民衝擊就業問題，主張加強與其他區域的合作；另一派則認為脫歐會壓垮國內經濟、分裂國家認同，像是北愛爾蘭選手可能不再願意代表英國出賽！
>
> 英國脫歐衝擊英國與歐盟，後續的談判也充分顯示區域與國家間複雜的合作關係。

⬇ 圖 11-6 歐盟會員國

候選國

歐洲煤鋼共同體

歐盟15國（EU15）

歐盟東擴（EU27）

①盧森堡
②斯洛維尼亞
③克羅埃西亞
④波士尼亞與赫塞哥維納
⑤蒙特內哥羅
⑥科索沃
⑦北馬其頓

↑照片 11-11 歐洲中央銀行

↑照片 11-12 歐盟車牌。車牌左側色區域上方有代表歐盟的黃色 12 星，下方則是車牌發行國家的縮寫，如 "EST" 為愛沙尼亞、"D" 為德國、"NL" 為荷蘭、"F" 為法國

歐元區與申根區

㈠歐元區

1999 年歐盟實施單一貨幣「歐元」，由位在德國法蘭克福的歐洲中央銀行（照片 11-11）取代各國央行訂定利率，使會員國之間的貿易更加便利。2002 年歐元發行統一的紙鈔與硬幣，歐元區的個別貨幣，如德國馬克、法國法郎、義大利里拉等停止使用，今日歐元區已成為全球單一貨幣最大的經濟體，已能夠與美元集團相抗衡，歐洲的整合進入新的里程碑（圖 11-7）。

㈡申根區

1985 年由法、德、荷、比、盧五國於盧森堡的申根共同簽署合約，內容包括解除各國邊境管制、取消邊境檢查站，此一合約稱為申根公約（圖 11-8）。若歐元區便利了資金流動，則申根區的功能就是讓人員及車輛（照片 11-12）流動更加順暢。歐盟會員國中除愛爾蘭未加入外，其餘各國均已加入此協議；且不限於歐盟國家，其他如冰島、挪威也在申根區範圍中。臺灣自 2011 年 1 月 11 日起，也正式成為免申根簽證國家之一。

① 荷蘭
② 比利時
③ 盧森堡
④ 斯洛伐克
⑤ 斯洛維尼亞
⑥ 克羅埃西亞

歐盟區 國名 歐元區

↑圖 11-7 2022 年歐元區分布圖

① 荷蘭
② 比利時
③ 盧森堡
④ 斯洛伐克
⑤ 斯洛維尼亞
⑥ 列支敦登
⑦ 克羅埃西亞

歐盟區 國名 申根區

↑圖 11-8 2022 年申根區分布圖

———————————— 饕客筆記 ————————————

歐元的設計

　　歐元（照片 11–13）之官方縮寫為 "EURO"，其圖形「€」中間兩條平行線為歐洲文化搖籃之意，亦代表歐元之穩定。歐元硬幣正面皆相同，標有硬幣面額（照片 11–14），稱為「共同面」；而硬幣背面的圖案則是由發行國自行設計，如希臘刻有代表雅典娜女神的貓頭鷹，為古代當地流通最廣的硬幣圖案；德國則是一隻老鷹，代表傳統的軍權象徵；法國為六邊形穩定成長的生命樹，代表法國國土形狀與法國大革命自由、平等、博愛的格言。

↑ 照片 11–13 歐元紙幣

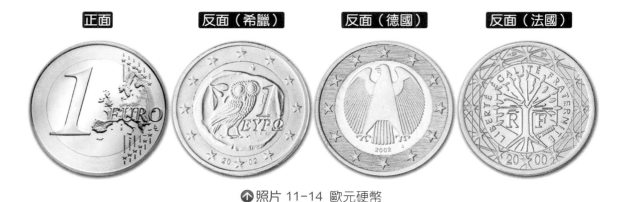

正面　　　反面（希臘）　　　反面（德國）　　　反面（法國）

↑ 照片 11–14 歐元硬幣

✕ 牛|刀|小|試 11–2

歐洲逍遙遊

　　假如你是個旅行社從業人員，客戶委託你規劃一個「魅力歐洲印象之旅」，並指定要前往下列幾個景點：㈠到阿姆斯特丹遨遊鬱金香花海；㈡到慕尼黑參加啤酒嘉年華；㈢到羅浮宮瞻仰世界名畫蒙娜麗莎的微笑；㈣到瑞士購買勞力士名錶；㈤到冰島體會火山冒險；㈥到挪威欣賞壯闊峽灣；㈦到愛爾蘭欣賞踢踏舞表演；㈧到英國體驗哈利波特的魔法世界；㈨到希臘享受地中海悠閒氣氛；㈩造訪童話大師安徒生的故鄉。請參考圖 11–7、11–8，回答下列問題：

1. 由臺灣出發直飛阿姆斯特丹，雖我國國民可憑申根免簽證待遇自由進出，但欲前往途中哪些景點，仍需另外辦理簽證？

2. 出國旅遊不免「血拼」，歐元雖在歐洲普遍流通，但到哪些景點購買紀念品，仍須兌換當地貨幣較為保險？

3. 除了以上景點，你是否還有其他想體驗的當地活動？請分組討論，規劃一個八天七夜的行程，並說出前往歐洲旅遊需要注意哪些事項？

三 歐盟在世界經濟所扮演的角色

歐盟因整合時程快、組織完整、規模大，區域內貿易往來便利，也對區域發展帶來實質效益，儼然成為世界最大的經濟實體。

歐盟勢力的興起，也帶動世界其他地區的區域整合（圖 11-9），如北美自由貿易區、東協自由貿易區等。

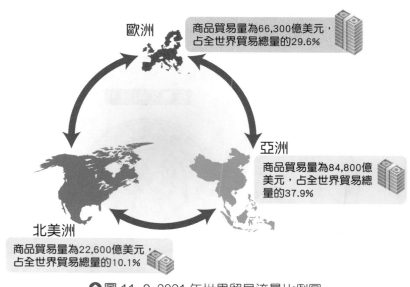

歐洲
商品貿易量為66,300億美元，占全世界貿易總量的29.6%

亞洲
商品貿易量為84,800億美元，占全世界貿易總量的37.9%

北美洲
商品貿易量為22,600億美元，占全世界貿易總量的10.1%

↑圖 11-9 2021 年世界貿易流量比例圖

第四節 歐盟的發展與展望

一 歐盟區域內的互動與差異

歐盟的整合看似帶動整體大歐洲地區欣欣向榮的發展態勢，但由於各會員國間不同的社會、政治和經濟背景，形成區域發展上的差異。

(一)發展各異的會員國

歐洲內部的差異有著空間上的關係，如位處南歐的西班牙、葡萄牙、希臘三國，歷經專政獨裁統治，經濟成長有限，與富裕的西歐國家相比，呈現南北的貧富差距；後續加入的東歐國家也都與其他歐盟國家有較大的經濟發展差異（圖 11-10）。

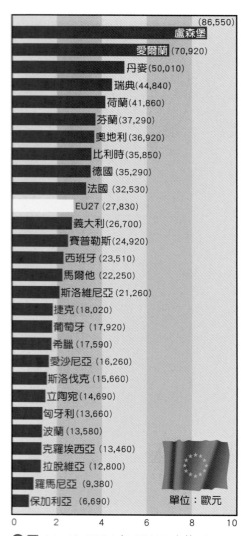

盧森堡 (86,550)
愛爾蘭 (70,920)
丹麥 (50,010)
瑞典 (44,840)
荷蘭 (41,860)
芬蘭 (37,290)
奧地利 (36,920)
比利時 (35,850)
德國 (35,290)
法國 (32,530)
EU27 (27,830)
義大利 (26,700)
賽普勒斯 (24,920)
西班牙 (23,510)
馬爾他 (22,250)
斯洛維尼亞 (21,260)
捷克 (18,020)
葡萄牙 (17,920)
希臘 (17,590)
愛沙尼亞 (16,260)
斯洛伐克 (15,660)
立陶宛 (14,690)
匈牙利 (13,660)
波蘭 (13,580)
克羅埃西亞 (13,460)
拉脫維亞 (12,800)
羅馬尼亞 (9,380)
保加利亞 (6,690)

單位：歐元

0 2 4 6 8 10

↑圖 11-10 2021 年 EU27 人均 GDP

目前歐盟大多數人就業於第三級產業，一、二級產業的就業人口嚴重不足，因此東歐新會員國加入正好補足一、二級產業所需要的勞工，再加上土地成本相對低廉，生產成本較低，具備吸引外資設廠的區域優勢。

(二)歐洲的核心與邊陲

　　若以地理空間來看歐洲的區域差異，可約略將其分為核心區和邊陲區來觀察：

1. **核心區**：核心區是歐洲主要的發展地帶，主要是由幾個重要都市的連接，範圍大約從倫敦跨海至巴黎、布魯塞爾、阿姆斯特丹、法蘭克福，並一路延伸至德國南部的慕尼黑，直到義大利北部的米蘭（圖 11-11）。這個範圍在地圖上看起來有如一條彎曲的香蕉形狀，一般稱為「藍香蕉」。

2. **邊陲區**：相對於核心區，歐洲國家亦有多處邊陲區，例如北歐因緯度高、氣溫低，地廣人稀，農業生產力低，可謂北部邊陲區；希臘、葡萄牙、西班牙、南義大利等，因經濟體質較弱，常被劃入南部邊陲區；至於東歐國家，由於過去計畫經濟的影響，經濟發展起步較晚，可謂是東部邊陲區。

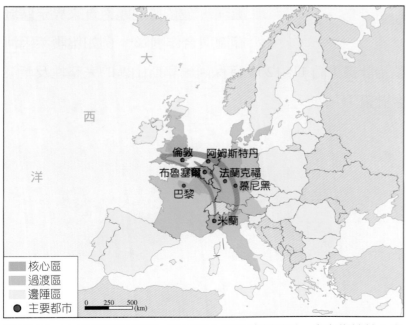

↑圖 11-11 歐洲的藍香蕉。除了核心區與邊陲區外，亦有銜接核心與邊陲的區域，稱為過渡區

關鍵特搜

藍香蕉

　　「藍香蕉」一詞由來眾說紛紜，通說是由夜間衛星影像觀看歐洲時，燈光的連接會出現一道藍色的光弧，故稱之。亦有此一說是因為藍色象徵歐洲，如歐盟會旗，故以藍色來代表歐洲的核心區。

饕客筆記

歐債危機

　　歐盟強大的背後也藏有阻礙發展的高牆。例如南歐諸國缺乏財政整合，歐元的便利反而使這些國家大量發行公債，過度消費的情形更加嚴重。

　　2008 年金融海嘯來襲，希臘瀕臨破產危機，歐盟深恐其他經濟較弱的國家發生連鎖效應，因此投入資金援助。當時負債最重的五國之中葡萄牙、愛爾蘭、西班牙經濟已經逐步復甦，希臘和義大利則需要改善其國內失業與外債的償還計畫，以獲得國際資金援助。

↑圖 11-12 萊因河流域分布圖

建立永續經營的區域平衡計畫

歐洲區域整合的概念形成已逾 70 年，歐盟正式成立也近 30 年，期間各國努力於經濟、貨幣及社會的整合，使歐洲從世界大戰的火藥庫，轉變成人類文明的模範生。然而各國（區）內的差異，卻成為持續發展的絆腳石，而近年全球難民移往歐洲的現象，則開啟歐洲文化和族群的社會議題討論。

為了縮小區域差距，歐盟採取許多區域平衡計畫，目標在保有各地特有文化的同時，也能夠兼顧經濟、社會、環境的均衡發展，因此各地區必須培養獨特的優勢技術，以增加其發展機會。

歐洲的跨區合作概念基本上是以「一個問題一個區域」的原則來處理，並依據問題性質來界定區域範圍與合作團隊。例如維護萊因河土地與環境資源不致被濫用的萊因河整治計畫（圖 11-12）；確保阿爾卑斯山區的完整性及產業永續經營的阿爾卑斯山區生態資源整合計畫等。

牛|刀|小|試 11-3

土耳其加入歐盟，你贊成還是反對？

位於歐、亞交界的土耳其，有著特殊的地理位置。土耳其目前是歐盟候選國之一，然而對於這個新成員的加入，歐盟各國卻有著正反兩極不同的聲音。試回答下列問題：

若從地理、文化、國防安全、宗教及經濟等方面來探討土耳其的二元性質，請根據提示，說出可能的影響。

	提示	贊成	反對
地理	土耳其的位置屬於歐洲國家還是亞洲國家？		
文化	土耳其的歷史文化與歐洲是否有深遠的關係？		
國家安全	土耳其加入歐盟是否會讓該區更穩定？		
宗教	以伊斯蘭信仰為主的土耳其是否能融入基督世界的歐洲？		
經濟	土耳其的加入是否會讓歐洲的經濟版圖更完整，哪些產業可能受益？哪些可能受阻礙？		

米其林的美食指標

一世紀的廣告

《米其林指南》是在歐洲汽車工業萌發的1900年代、由法國米其林輪胎公司贈送的行車指南，指示各節點的交通路線，冊子內容包含火車站、加油站、修車站、郵局、電報站、電話亭、藥房、旅館、餐廳等等，在第一次大戰後才由免費贈送轉為標價出售。

《米其林指南》最初出現僅提示消費者路線、地點、價格訊息，到了1904年的第五版，才首次出現以星星來區辨餐廳與旅館的等級水準，漸漸成為世界知名的美食評準。米其林的名號不只隨著輪胎，也隨著這本手冊，指引著饕客行過萬里路。目前《米其林指南》推薦的餐廳和旅館除了涵蓋全歐洲，也擴及美洲與亞洲，成為美食界的重要指南。

嚴謹的評審制度

為了保持獨立性和可信度，餐廳的評鑑過程極為嚴謹，評鑑員要秘密測試，獨自前往餐廳用餐、觀察餐點品質與環境整潔，而且必須吃過數次才能向公司呈報，再由總公司派員再次前往試吃確認，勘查結果真實不虛才能刊登。為了避免評鑑員與餐廳有不當勾結，評鑑員必須每年輪調，品嘗不同區域的食物，刊物也不接受廣告贊助。

——法國美食標誌的前身與今日

看懂星級美食

《米其林指南》以不同符號代表各種意義，例如現今廣為人知的星級評鑑制度在 1933 年後才出現，共分為三級標準：三星餐廳是指菜餚品質「頂級」，兩星是「出色」，一星則是「值得推薦」；叉匙圖示表示餐廳評價，分為五等，分別代表豪華的傳統美味、頂級、舒適程度等；銅板代表餐廳有不超過16歐元的簡單餐點；人頭標誌則代表的是米其林所推薦的當地小館。

 1～5 等。餐廳的整體評價，包括用餐環境、服務等細節。

 餐點的評價，分1～3 等。對美食家和廚師來說重要性比叉匙圖案更重要。

 提供便宜的簡單料理，是不是和我們的「銅板美食」一樣簡單明瞭呢？

 吉祥物 Bibendum 推薦，指價格和食物的性價比很高。

獨立國家國協

↓ 俄羅斯娃娃又稱許願娃娃，多由白樺木以手工彩繪而成

當自由在燃燒，當心靈正為榮譽而跳躍，

朋友！將心靈的美麗衝動獻給祖國吧！

同志，要相信，迷人的幸福朝霞，冉冉上升，

俄羅斯將從睡夢中驚醒，

而在專制暴政的廢墟上，留下我們的大名。

俄羅斯文學家普希金，致恰達耶夫

　　1991 年底，共產集權的蘇聯垮臺，世界各國紛紛因強權瓦解而重組，許多共產國家開始走向民主化的道路。原蘇聯國家除波羅的海三小國外，其餘各國以白俄羅斯首都明斯克為總部再度結盟，成立獨立國家國協（簡稱國協，CIS）。國協目前共有 10 個成員國，其中俄羅斯為境內國土面積最大、人口最多的國家。

第一節　優劣並存的自然環境

　　國協東起太平洋、西達波羅的海和黑海、北臨北極海，版圖橫跨歐亞，林業及礦產資源豐富，但高緯度嚴寒的氣候，成為其發展上的限制。

一　各具特色的四大地理區

　　國協疆域遼闊，依地理位置及環境特徵，可分成歐俄平原、西伯利亞、高加索山區及中亞盆地等四大地理區（圖 12-1），各區特徵如下：

(一)歐俄平原：分布於國協西半部、烏拉山以西，為歐洲大平原之延伸，經濟發達、人口集中，是國協最富庶的精華區。因大西洋水氣得以深入，河川水量穩定，其中窩瓦河（照片 12-1）是歐洲第一長河，不僅提供運輸、灌溉、發電等功能，還與鐵公路網緊密聯繫，形成水陸聯運的交通系統。

〔關〕〔鍵〕〔特〕〔搜〕

窩瓦河

　　窩瓦河穿越國協的精華區，蜿蜒 3,530 公里，注入裏海。這條河流自古即是歐俄平原重要的水運路線，也是農、工業主要的水源，在俄羅斯素有「窩瓦母親」的美譽。

↓照片 12-1 冬季窩瓦河景緻

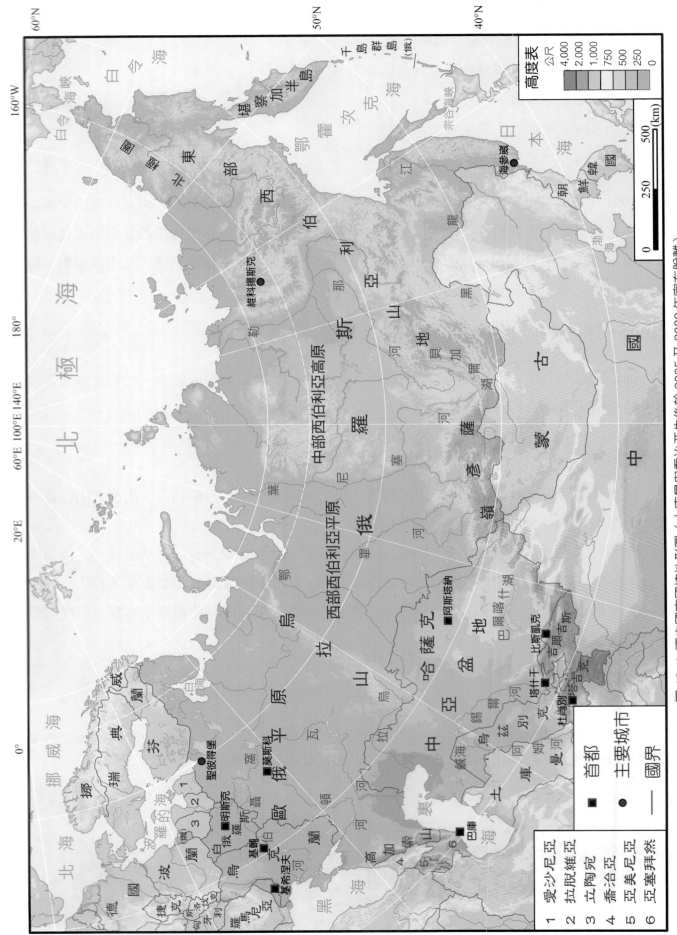

圖 12-1 獨立國家國協地形圖（土庫曼與喬治亞先後於 2005 及 2008 年宣布脫離）

㈡西伯利亞：泛指烏拉山以東至太平洋沿岸地區，地勢西低東高，由西到東分別為平原—高原—山地之地形分布。地質屬古老結晶岩陸塊，礦產資源豐富，但氣候嚴寒使得發展受限。河川長期冰封，交通以陸路運輸為主，其中以**西伯利亞大鐵路**最為重要（照片 12-2、圖 12-2），鐵路沿線多工礦城鎮（照片 12-3）。

↑照片 12-2 西伯利亞大鐵路是連結亞洲和歐洲的重要運輸路線

↑圖 12-2 西伯利亞大鐵路及其沿線工業區分布圖

↑照片 12-4 巴庫城。巴庫是裏海沿岸最大港口，城內隨處可見石油鑽探中心

㈢高加索山區：高加索山位於黑海和裏海之間，因阻擋了北方冷氣團南下，山區以南氣候溫和宜人，是國協居民重要的度假勝地。近年來**裏海海盆**發現豐富的石油及天然氣資源（照片 12-4），使得裏海沿岸國家紛爭不斷。

㈣中亞盆地：位於裏海東側的中亞盆地由於距海遙遠，呈現溫帶乾燥氣候的特徵。本區居民大多信奉伊斯蘭教，社會風氣保守。經濟活動以傳統的畜牧業為主，近年來隨著灌溉技術的改善，在鹹海周邊種植棉花等經濟作物，但過度的引水灌溉卻也導致**鹹海面積縮小**（照片 12-5），甚至引發土壤鹽鹼化與沙漠化等環境問題。

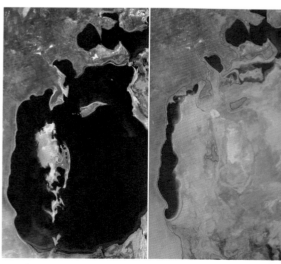

↑照片 12-5 1989 及 2014 年鹹海衛星影像比較

↓照片 12-3 貝加爾湖。世界最深的湖泊，有「西伯利亞明珠」之稱，鄰近的伊爾庫斯克為重要的工礦城市

圖例
— 東北航道（夏季開通）
— 西北航道（夏季開通）

↑圖 12-3 北極海航道圖

↑照片 12-6 俄羅斯境內的針葉林

↑照片 12-8 黑麥麵包經常搭配羅宋湯作為主餐

↓照片 12-7 西伯利亞的苔原景觀

饕客筆記

冰封的火藥庫——北極海

位於北極圈內的北極海，被俄羅斯、加拿大、美國（阿拉斯加）、冰島、挪威、芬蘭、瑞典、丹麥（格陵蘭）等國圍繞（圖 12-3），雖然長期冰封，但因蘊藏豐富的石油、天然氣等資源，各國無不極力維護該地區的權益，如俄羅斯在 2008 年於北極海 4,000 公尺深的海底，象徵性的插上國旗。

隨著全球暖化的影響，北極海冰層逐漸消退融化，使得海運得以發展，目前加拿大沿岸的西北航道已開通，往來歐亞間的船隻不必再繞行巴拿馬運河；而沿著俄羅斯西伯利亞的東北航道，也在冰融時通航。

嚴寒的氣候與居民的調適

㈠冬長夏短的嚴寒氣候

國協全境位於高緯度地區，日照微弱、降水偏少。冬季時大陸冷高壓籠罩，氣候更是嚴寒，冰雪地景甚至可長達 8 個月以上；夏季時凍土融化，形成許多低溼沼澤，不利開發。由於生長季短，農業並不發達，僅在歐俄平原西南部的烏克蘭及黑海沿岸區得以發展。

國協境內植被分布大致依緯度變化，森林帶分布於夏季月均溫 10℃ 以上地區，西伯利亞是現存世界面積最大的針葉林區（照片 12-6），當地人稱為「泰卡」；進入北極圈範圍，僅剩一片苔原景觀（照片 12-7）。

㈡天寒地凍中居民的調適

嚴寒的氣候不僅限制了植被的分布，也影響了境內的生活。為了禦寒，當地人多攝取高熱量的食物，如肉乳食品、黑麥麵包等常是餐桌上的主食（照片 12-8）；另外，

餐桌上不可或缺的伏特加酒，亦是冬天裡讓身體暖和的必備飲品，但普遍的飲酒文化，連帶造成死亡率上升、平均壽命縮短、意外事故頻傳等社會問題（圖 12-4）。

在衣著打扮方面，由於冬季冷到零下 20°C 時有所聞，所以大衣、披風、毛帽、手套、長靴等禦寒衣物成為當地居民的標準配備（照片 12-9）；而住宅為了因應冬季的嚴寒，窗戶多採兩層加厚的方式抵禦寒風入侵，另外為了避免凍土融化造成地基坍陷，房屋常採行架高的方式，至於**雙斜式屋頂**設計（照片 12-10）則是為了避免積雪壓垮屋頂，並方便排水與清理。

第二節 國協的政經發展與變革

俄羅斯早期由專制王朝到共產國家，南征北討風光一時。解體後的**蘇聯**以**俄羅斯**為首，朝民主化與市場經濟前進，但輝煌與穩定的過去仍讓許多人民懷念，國家的發展正處於關鍵的十字路口。

一 計畫經濟的特色

早期**蘇聯**採行共產專政的社會主義發展模式，透過中央集權式的**計畫經濟**，由國家下達嚴格的指令控管產業發展、教育文化及人民生活，小到麵包牛奶、大到工廠住宅（照片 12-11）皆由國家分配。

出生率10‰；死亡率15‰；平均壽命71.3歲(男性66歲、女性76歲)

單位（百萬人）

↑圖 12-4 2021 年俄羅斯人口金字塔圖

↑照片 12-9 在天寒地凍的戶外禦寒行頭全都上身

↑照片 12-11 計畫經濟時期，財產皆由國家分配，至今還留下許多當時建設的國民住宅

↓照片 12-10 為符合當地氣候與環境所形成的雙斜式屋頂建築

駭客筆記

冷 戰

二次大戰之後，**蘇聯**和**美國**為首的陣營因各自主張社會主義和資本主義的制度導致矛盾，進而衍生政治和外交上的衝突，但雙方都希望儘量避免大規模戰爭再度爆發，故常透過科技、軍備競賽、外交競爭等方式「冷」處理，因此在歷史上稱為冷戰。

不過計畫經濟過度偏向重化工業發展，除了付出龐大的環境成本外，也犧牲民生輕工業與農業部門；另一方面，僵化的國營體制壓抑創新，官僚體系效能不佳，造成生產效率低落與競爭力不足。長久以來，在民眾對於社會、經濟、民族等多重問題的積怨不滿下，於 1980 年代引發一連串政經改革，最終導致蘇聯解體。

二 市場經濟的困境與發展

解體後的蘇聯，政治上選擇民主體制，經濟上改採資本主義經濟制度，朝向市場經濟的發展模式。

(一)轉型中的市場經濟困境

蘇聯瓦解後，各國於短時間內轉向**市場經濟**，地方政府缺少中央資金挹注與指令下達，無所適從；企業則普遍欠缺市場訊息與決策能力，生產結構調整跟不上市場經濟的新秩序，紛紛破產倒閉，失業人口暴增，經濟景氣蕭條低迷。

少數寡頭金融集團憑藉著雄厚的政商關係，操縱國家經濟與政權，造成社會**貧富差距**擴大；民生物資供需失衡，消費物價飆漲，更引發**通貨膨脹**（照片 12-12）。市井小民生活困頓，除了進城尋求更好的生活與工作機會之外，不少優秀人才因對國家前途沒信心而外流。

(二)市場經濟的發展

轉型初期的紊亂使得人民無所適從，改革聲浪再次高漲。以俄羅斯為例，政府面對內外壓力，政策轉以「擺脫財團寡頭影響、理順中央地方關係、建立正常市場經濟秩序」三大任務，視為二度轉型的新發展方向。

轉型後的俄羅斯在軍事與政治實力上均有相當的提升，如將重要能源產業收歸國有、善用天然資源清償外債及作為外交籌碼（照片 12-13），但政府鐵腕手段卻使其在民主方面遭到諸多爭議。另外，俄羅斯具有豐富的石油、天然氣資源，但過度依賴能源收入，也使得國家內部產業多元性降低，使經濟發展增添不少風險。

關鍵特搜

寡頭金融集團

「寡頭」指市場由少數幾家大規模公司獨占或壟斷。市場經濟改革初期，國協政府為了振興經濟，乃借鏡西方扶植大企業的方式發展。但這些企業憑著雄厚財力勾結政黨，甚至主導政策規劃與執行，造成國家長期發展的阻礙。

通貨膨脹

意指在一時期內，物價有相當程度上漲的現象。緩慢的通貨膨脹尚不會影響經濟，可說是經濟發展的常態，但短期內物價快速上漲的惡性通貨膨脹，甚至會造成社會的動盪。1992 年俄羅斯的通膨率約高達 2,500%，也就是說 1 個 10 元的麵包在 1992 年後要花 260 元才買得到。

↑照片 12-12 經濟蕭條、通貨膨脹，民眾購物必須大排長龍

三 政治發展和族群關係

轉型過程中造成社會震盪及經濟衰退，經濟分配不均和社會階級的矛盾，使國協各國政局動盪不安。

表面上俄羅斯是國協的核心，但與鄰國的關係以及族群多元的問題卻是錯綜複雜，任何舉動都將牽動國際局勢的變化。

↑照片 12-13 2009 年俄羅斯將輸往烏克蘭的輸氣管斷氣，以箝制鄰國與歐洲的能源供應

牛｜刀｜小｜試 12-1

冬眠中的北方巨人

國協雖處於高緯地區氣候嚴寒，但地大物博使其造就許多世界第一，尤其是有著輝煌歷史的俄羅斯，因政治背景與民族文化，更有著成為世界強權的實力。

1. 請參閱以下照片，回答俄羅斯數個第一的原因與背景。

2. 俄羅斯被評為「金磚五國」之一，在各國眼中是極具發展潛力的國家，請問俄羅斯發展有哪些條件？

▲ 體壇常勝軍　　　▲ 芭蕾舞　　　▲ 石油及天然氣資源

▲ 人類進入太空第一人——尤里·加加林　　　▲ 世界最冷的村莊——西伯利亞的奧伊米亞康

蘇聯（蘇維埃社會主義共和國聯邦）解體後，新國界重新限制人口的自由移動，許多散布在中亞、高加索及波羅的海等地區（原蘇聯境內）的俄羅斯人，無法回國也無法融入當地，在俄羅斯和各國公民的身分之間擺盪，他們透過飲食和節慶──像是烹煮家鄉味、將在地食材融合俄羅斯的烹調方式、維繫俄羅斯喜慶文化儀式等，在異地尋求認同。俄羅斯人主要以麵包及肉類為主食，特色食物如羅宋湯、魚子醬、Borodinsky 黑麵包和薄煎餅等。

境外俄羅斯人
蘇解體後俄羅斯人

魚子醬在俄羅斯象徵著富裕和喜慶，用不同品種的魚卵可以做成不同顏色、大小的魚子醬，其中最為普遍食用的奧斯特拉鱘魚卵呈黑色。Borodinsky 黑麵包主要是在黑麥麵粉中加入大量的香草籽，烘烤後香氣誘人，適合切片搭配魚、肉等葷菜，搭配魚子醬也是一絕。

俄羅斯羅宋湯（原名紅菜湯），源於烏克蘭菜，是俄羅斯人傳統的家常料理，因此上海稱其為 Russian soup（俄羅斯的湯），並音譯為羅宋湯。羅宋湯裡有蔬菜和肉類，配料豐富，許多俄羅斯家庭有自己祖傳的羅宋湯製作秘方，但一定要有甜菜，才能使湯頭呈現艷麗的紅色。

是什麼碗糕？
的認同與食物

傳統小吃薄煎餅在俄羅斯稱為布林餅（音 Blini），至今仍是俄羅斯人各個節日的重要食物。金黃鬆軟的圓餅象徵基督教傳入前的太陽崇拜，是送冬節（約在 2 月底）的代表食物，後來合併基督教齋戒前的謝肉節，更成了連續一週的布林餅餐會。布林餅製作方式簡單，由蕎麥粉（今多以麵粉取代）加入牛奶或水發酵後成為麵糊，再加入蛋白攪打發泡便可下鍋。煎餅薄而不破，抹上必備的酸奶，捲起一片魚肉或塗上奶油和果醬，甜的鹹的，都是道地的吃法。

北美洲

↓ 紐約時代廣場是藝術與商業聚集之地，街道上充斥著炫麗的霓虹廣告

因為我們明白，東拼西湊的遺產是優點而非弱點。我們是由基督教、伊斯蘭教（穆斯林）、猶太教、印度教教徒，及無神論者所組成的國家。我們由各種語言和文化形塑，從地球的各端刻劃出我們的輪廓。

節錄自美國總統歐巴馬就職演說，2009 年

第一節　北美洲的自然環境

北美洲包括加拿大、美國兩國，南與中美洲墨西哥接壤、北達北極海沿岸，東、西兩側有大西洋與太平洋為其天然屏障。本區地形多元且自然資源豐沛；氣候方面，除加拿大北部、美國阿拉斯加與夏威夷外，大部分地區屬於溫帶氣候。

一 景觀各異的三大地形區

北美洲可分為三大地形區，分別是西部新褶曲山地區、中部大平原區和東部高原山地區（圖 13–1）。

(一)西部新褶曲山地區

洛磯山脈北起阿拉斯加、南至美國西部，為西部主體，此區因位於**環太平洋地震帶**上，火山、地震活動特別活躍，且多高聳、平行的新褶曲山脈。如著名的聖安地列斯斷層經過舊金山和洛杉磯等大都市（圖 13–2），曾造成大規模的地震災害（照片 13–1）。

本區也是全美國國家公園最多的區域，如大峽谷國家公園和黃石國家公園皆是著名的觀光勝地（圖 13–3、照片13–2、照片 13–3）。山地和高原間錯落著許多地勢較低的盆地，例如拉斯維加斯、鹽湖城分別為觀光與宗教文化的重要都市。

↑圖 13-2　聖安地列斯斷層

↑照片 13-1　1989 年舊金山地震
（上）；1994 年洛杉磯地震（下）

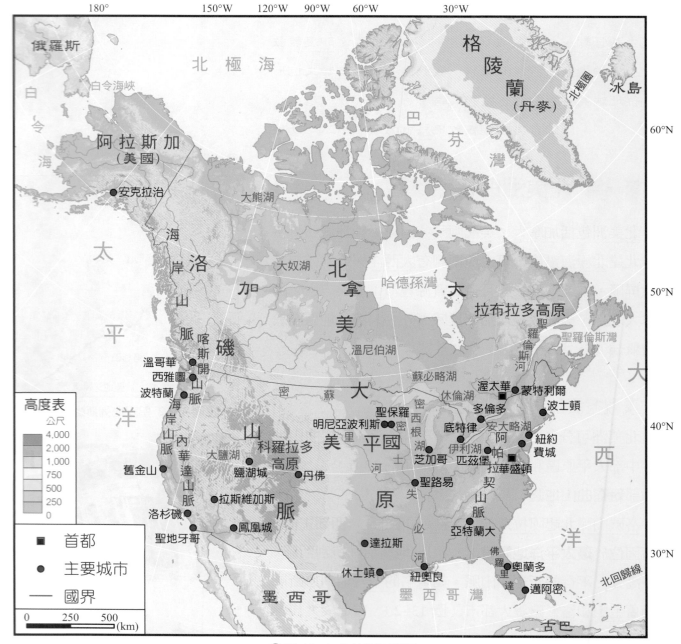

⬆ 圖 13-1 北美洲地形圖

⬇ 照片 13-2 大峽谷國家公園

↑圖 13-3 北美洲國家公園分布圖

↓照片 13-3 黃石國家公園

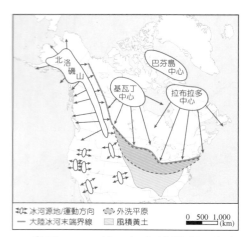

↑圖 13-4 第四紀北美洲冰河流向分布圖

↑照片 13-5 阿帕拉契山脈南段田納西州的度假勝地 Gatlinburg 即位於冰蝕谷處

(二)中部大平原區

洛磯山脈和阿帕拉契山之間為一廣大平原，北部為第四紀冰河中心（圖 13-4），多冰河地形，如五大湖為冰蝕湖；南部有密士失必河流經，往南注入墨西哥灣，是溝通平原區南、北的主要水運系統，其下游的沖積平原為重要農業帶，沿岸有許多由農產集散地發展的大都市，如平原北部的雙子城和中部的聖路易（照片 13-4）。

(三)東部高原山地區

東部由北而南包括拉布拉多高原、阿帕拉契山和佛羅里達半島，地層古老、地勢平緩、質地堅硬。拉布拉多高原冰蝕湖遍布；阿帕拉契山為古褶曲山，地勢低緩且多冰蝕谷（照片 13-5），使東西往來相當便利；佛羅里達半島則為重要觀光勝地。聖羅倫斯河連結五大湖區和大西洋沿岸，為此區重要的水運動脈，並且促成五大湖區的都市和重工業發展，如芝加哥和底特律。此區也是北美洲最早發展的地區。

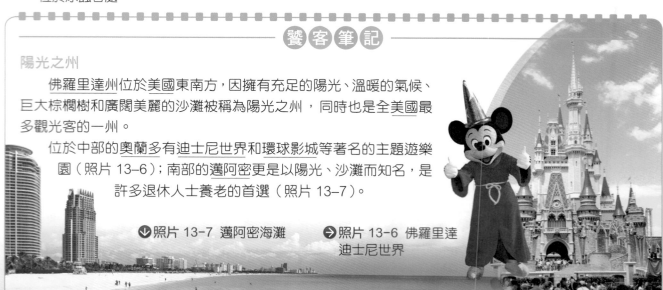

饕客筆記

陽光之州

佛羅里達州位於美國東南方，因擁有充足的陽光、溫暖的氣候、巨大棕櫚樹和廣闊美麗的沙灘被稱為陽光之州，同時也是全美國最多觀光客的一州。

位於中部的奧蘭多有迪士尼世界和環球影城等著名的主題遊樂園（照片 13-6）；南部的邁阿密更是以陽光、沙灘而知名，是許多退休人士養老的首選（照片 13-7）。

↓照片 13-7 邁阿密海灘　　→照片 13-6 佛羅里達迪士尼世界

↓照片 13-4 聖路易位於密士失必河和密蘇里河匯流處，左側為其地標聖路易大拱門

多樣的氣候

北美洲面積廣大且完整，受緯度、氣團、洋流和地形影響，氣候類型多變（圖 13-5）。

北部屬於寒帶氣候，可再細分為副極地和極地苔原氣候，結冰期可長達半年以上，聚落稀少。

西側沿海以北緯 40 度為界，以北為溫帶海洋性氣候，終年盛行來自海洋的西風，全年有降水，冬暖夏涼；以南受風帶季移和加利福尼亞涼流的影響，為溫帶地中海型氣候，夏乾冬雨。

西南部的內華達山地區，因位處高山的背風側和副熱帶高壓籠罩，以乾熱少降水的沙漠和草原氣候為主，如加州的死谷夏季最高溫可達 48°C，是美國最乾熱的地區（照片 13-8）。

洛磯山脈以東的地區，北緯 40 度以北的中部大平原北部和五大湖區，因緯度高及受拉布拉多寒流影響，氣候冷溼、冬季多風雪、夏季多霧，屬於溫帶大陸性氣候；北緯 40 度以南受墨西哥灣流及夏季海洋暖氣團影響，溫暖、多降水，生長季較長，屬於夏雨型暖溫帶氣候。

北美洲主要的氣候災害為龍捲風和颶風。春、夏冷暖空氣交會時，常在中部大平原形成**龍捲風**，造成嚴重的災害（照片 13-9）；墨西哥灣沿岸和佛羅里達半島夏季常因**颶風**侵襲，帶來嚴重的經濟與人員損失，如 2005 年的卡崔娜颶風，在紐奧良造成重大災情（照片 13-10）；2012 年的珊迪颶風影響範圍甚至到達美國東北部沿海，如紐約、華盛頓（照片 13-11）。

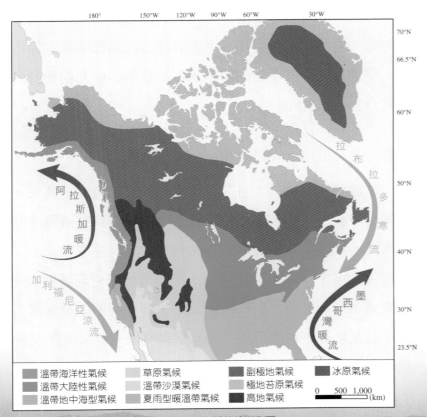

△圖 13-5 北美洲氣候圖

▨ 溫帶海洋性氣候	▨ 草原氣候
▨ 溫帶大陸性氣候	▨ 溫帶沙漠氣候
▨ 溫帶地中海型氣候	▨ 夏雨型暖溫帶氣候
▨ 副極地氣候	▨ 冰原氣候
▨ 極地苔原氣候	
▨ 高地氣候	0　500　1,000 (km)

▽照片 13-8 加州死谷惡水盆地。氣候乾熱，水分蒸發後地表留下白色的鹽，景色荒涼

△照片 13-9 美國聖路易龍捲風災後慘狀

△照片 13-10 2005 年卡崔娜颶風使紐奧良 80% 的地區被洪水淹沒

△照片 13-11 2012 年珊迪颶風。此颶風影響範圍龐大，甚至被稱為「超級颶風」

白人　57.8%
亞裔　18.7%
西語裔、拉丁裔　12.1%
原住民　5.9%
黑人、拉丁裔　1.1%
其他　4.4%

⬆ 圖 13-6 2020 年美國民族組成

⬆ 照片 13-12 洛杉磯中國城

⬆ 照片 13-13 蒙特利爾舊城區。鵝卵石街道和古老建築,皆是法國殖民時期留下的景觀

第二節 北美洲的人口

　　北美洲因優異的天然條件與豐沛的資源,歷史上吸引許多不同人種在此聚集(圖 13-6),在不同文化激盪下,形成多元的風貌。

一 移民歷程

　　北美洲最早的住民為印第安人,十五世紀末哥倫布「發現」新大陸之後,許多歐洲人因經濟、宗教及政治等因素陸續登陸北美洲。隨著棉花種植的人力需求,從西非輸入大量非洲勞動力,即是黑奴。十八世紀後隨工業化、都市化的發展,歐洲移民再次大量湧入;十九世紀來自中國東南部的移民也來到北美洲西岸,從事鐵路興建、採礦等工作。

　　1965 年後新的移民法,鼓勵具有專業技術或經濟投資能力的外國移民,使亞洲、中南美洲等地區的移民大為增加,解決美國勞力不足的問題,更是技術與研究創新發展的動力。

二 文化大拼盤

　　來自各地的移民,各自保留本身的文化特性,並未完全融合,形成「**文化的大拼盤**」。如舊金山、洛杉磯等地的中國城,其建築、生活方式與飲食文化,均呈現中國的文化特色(照片 13-12);而加州南部的聖地牙哥老城區,更是充滿西班牙風情;紐約的猶太區、義大利區以及邁阿密的小哈瓦那等,也展現出了不同族群其特有且多元的文化風貌。

　　加拿大則同時將英語和法語列為官方語言,特別是五大湖北部的魁北克省因曾被法國統治,大部分的居民以法語為主要語言,並且在市區留下許多法式文化景觀(照片 13-13)。

牛|刀|小|試 13-1

NBA 球員組成

定時收看 NBA 籃球賽是很多人的嗜好，2012 年林書豪成為紐約尼克隊先發之後更在臺灣掀起一股「林來瘋」的熱潮，關於林書豪到底屬於哪個國家的人也引起了熱烈討論。

實際上 NBA 有許多非美國籍的球員。根據官方數據表示，2015 至 2016 賽季中已登錄的球員中有 100 名非美國籍，分別來自 37 個不同的國家，且 30 支球隊中，每一隊都有非美國籍球員。多倫多暴龍隊有 7 名非美國籍球員最多，克里夫蘭騎士隊、明尼蘇達灰狼隊、聖安東尼奧馬刺隊、猶他爵士隊則各有 6 名非美國籍球員。請思考下列問題：

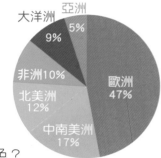

大洋洲 9%　亞洲 5%
非洲 10%
歐洲 47%
北美洲 12%
中南美洲 17%

1. 你聽過哪些非美國籍的 NBA 球員？請和同學分享。
2. 為何 NBA 能招募到這麼多非美國籍球員？可以看出美國何項人文特色？

第三節 北美洲的產業發展

廣大的平原、優良的氣候、發達的農業技術以及政策支持，讓美國成為世界重要的農產品輸出國。此外，重視研發所帶來的工業競爭力，更使美國多項產業技術位居世界領導地位。

一 農牧業

北美洲的農業已高度機械化、科技化和企業化（照片 13-14），且能生產大量的糧食以供出口。動植物品種改良、基因改造工程與栽培技術不斷改進，也帶來農業上重大突破。此外，農民透過豐富的農業技術及金融知識來進行生產，是典型的商業性農業活動，故農民有「手提箱農夫」之稱。

為同心圓的灌溉設備，每個灌溉系統半徑可達 400 公尺

為小麥的收割機，將小麥割倒於地

利用回收機和卡車將麥穗運送至倉庫

→ 照片 13-14 美國各種機械化農業活動

源地的麥稈透過機器加壓處理成圓形的乾草，出售至牧場作為冬季飼料

↑照片 13-15 機械收割玉米

早期農民依據各地的自然和人文條件，發展出各種農業帶（圖 13-7）。重要的農業帶包括：

㈠酪農帶：美國東北部及加拿大南部的五大湖周圍，因氣候溼冷、土壤貧瘠，不利農作物生長，多種植牧草或維持天然草場。 因臨近都市帶 ， 鮮乳及奶製品需求量極大，發展甚佳。

㈡混合農業帶（玉米帶）：密士失必河上游各州，因夏季溫暖多降水、秋季乾燥的氣候特性，形成廣大的玉米帶（照片 13-15）。玉米既是現金作物也是飼料作物，在玉米帶東部，玉米以直接銷售市場為主；在玉米帶西部，因遠離主要市場，多轉成飼料作物，形成農牧並行的混合農業。

㈢商業性穀物帶：玉米帶以西的草原黑土帶 ， 降水量適中 ， 利於小麥生長 。 加上交通運輸的便利 ， 使美國有 50% 的小麥產量運銷國外 ， 成為世界最大的小麥輸出國，有「世界麵包籃」之稱。

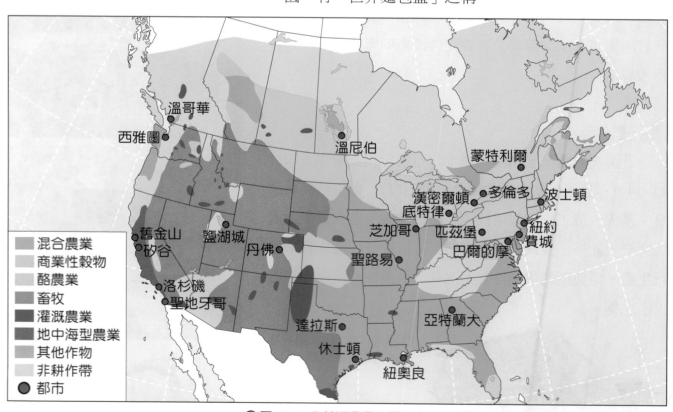

混合農業
商業性穀物
酪農業
畜牧
灌溉農業
地中海型農業
其他作物
非耕作帶
● 都市

溫哥華
西雅圖
溫尼伯
蒙特利爾
漢密爾頓 多倫多 波士頓
底特律
舊金山 鹽湖城 芝加哥 匹茲堡 紐約
矽谷 丹佛 聖路易 巴爾的摩 費城
洛杉磯
聖地牙哥
達拉斯 亞特蘭大
休士頓
紐奧良

↑圖 13-7 北美洲農業空間分布

㈣地中海型農業帶：加州谷地因陽光充足，無霜期長，透過農業科技的運用、水利灌溉設施的強化，成為美國重要的蔬果、園藝等作物產地（照片 13-16），也使加州農業產值居全美第一。

㈤畜牧帶：中部大平原以西的地區以山地和高原為主，地形崎嶇、氣候乾燥，以牛羊放牧為主。

↑照片 13-16 準備將葡萄出貨

製造業

美國以豐沛的天然資源和發達的農牧業為後盾，為工業生產提供大量的原料，加上充沛的人力、雄厚的資金、廣大的市場及便捷的交通運輸等條件，使其成為世界上最大的工業國。

美國工業體系完整，早期除了鋼鐵、汽車和建築業為三大工業外，隨著電腦及網路的發展，資訊科技產業已成美國重要的工業支柱。

美國五大湖區早期主要以鋼鐵工業為主（圖 13-8），而鋼鐵工業也因供應機械、蒸氣機和興建鐵路、造船及汽車工業等需求而更加發達。如底特律（照片 13-17）、匹茲堡都是此時期因工業發展形成的都市。

二次戰後美國需要發展先進的軍事科技，由於南部擁有較寬敞的土地，且墨西哥灣沿岸各州因石油開採，形成以石油化學工業為主的工業區（照片 13-18），也發展成以休士頓為中心的航太相關工業的重鎮（照片 13-19），南方形成經濟富足的「陽光帶」。

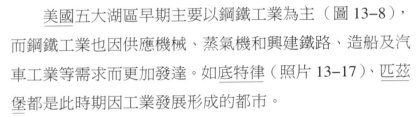
↑照片 13-17 底特律的汽車工業

↑照片 13-19 NASA 休士頓太空中心任務總控制部。從阿波羅登陸月球計畫到目前為止的太空梭任務都是由此指揮

↓照片 13-18 墨西哥灣沿岸鑽油平臺

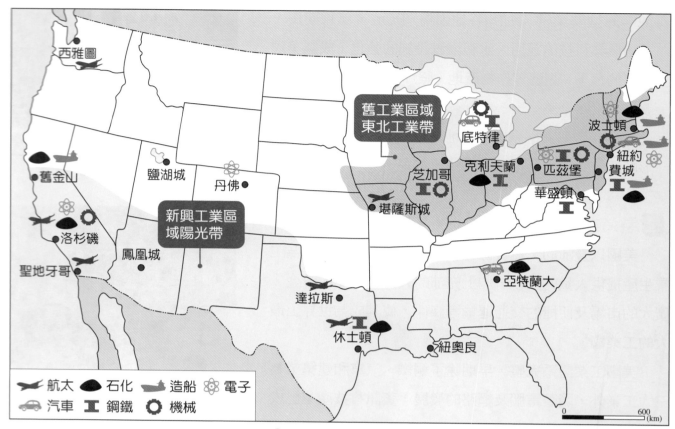

圖 13-8 美國工業帶

三 知識及服務導向產業

　　二十世紀中期，知識導向的產業逐漸發展，1951 年加州著名的史丹福大學創立史丹福工業園區，在大學研究所和園區公司的帶動下，半導體和資訊工業快速崛起，60 年代興起一股「矽谷」熱潮，成為美國重要的高科技工業區。如英特爾、蘋果、惠普等著名的公司在此發跡，也成為主導世界資訊與半導體產業的龍頭。此外，西雅圖因擁有良好的氣候、港口及技術型勞工，是世界著名民航機製造商波音公司的生產中心（照片 13-20）；洛杉磯則因晴天日數和豐富的景觀等因素，電影產業發達。

照片 13-20　西雅圖波音公司工廠

饕客筆記

好萊塢的電影產業

　　二十世紀初，紐約和新澤西的電影公司開始遷向加州，原因是這裡的天氣好，日照時間長且降水量較少。就攝影的角度而言，自然的日光其所拍攝的色彩飽和度，遠比人為照明為佳；降水少不會拖延電影拍攝進度。除此之外，加州視野寬廣，有各種不同的自然風景，使好萊塢有愈來愈多的電影在此拍攝、製作，成為電影產業中心（照片 13-21）。

↑照片 13-21　好萊塢地標

四 國際產業間的合作

　　二十世紀末在全球區域化的潮流下，美國、加拿大和墨西哥成立一區域性經貿組織，稱為北美自由貿易協定 (NAFTA)（圖 13-9），藉此降低貿易障礙，並形成足以和歐盟抗衡的經濟區。此協定於 2018 年改簽為美墨加協定 (USMCA)。

　　利用協定的優勢，美國在美、墨邊境（照片 13-22）建立許多的工業區，這些工業生產帶由美國從事設計、墨西哥負責製造，如此雙邊合作，既可維持品質，還可降低成本、增加利潤。

　　2018 年加拿大也簽署跨太平洋夥伴全面進步協定 (CPTPP)，成為 11 個會員國之一，在這個世界最大的自由貿易區中持續發揮影響力。

↑圖 13-9　NAFTA 盟旗。左至右分別是美國、墨西哥和加拿大的國旗

五 產業發展所帶來的問題

　　北美洲農業使用現代科技提高產量、增加競爭力，但除草劑、殺蟲劑、化學肥料和水利灌溉等，對自然環境卻產生相當嚴重的衝擊。如大量使用肥料，造成水土汙染、生態破壞；機械化翻土與大規模噴灌，易造成表土的流失。

　　單一化的農業生產，使農業經營風險增大，例如農產品的價格波動、生產過剩、牲畜疾病與病蟲害等，都是常見的風險。2003 年發現第一起狂牛症病例後，許多國家紛紛禁止進口美國牛肉，畜牧業遭受巨大經濟損失。

↑照片 13-22　美墨邊境。圖中右方為墨西哥蒂華納，左方為美國聖地牙哥

美墨加協定的跨國經濟合作，使得美加二國勞動力需求減少，造成失業問題；工業和經濟的高度發展則讓北美洲的能源消費量和二氧化碳排放量居高不下（表 13-1、照片 13-23），是全球環境問題的眾矢之的。因此美加拒絕接受京都議定書約束曾引起全球環境政治議題。2016 年兩國均簽署巴黎協定，對於遏阻全球暖化值得期待。

↑照片 13-23 猶他州的燃煤發電廠

↓表 13-1 2019 年世界二氧化碳排放量前十名

排名	國家	CO_2 年排放量（百萬公噸）	人口數（百萬人）	排名	國家	CO_2 年排放量（百萬公噸）	人口數（百萬人）
1	中國	12,705	1,407	6	巴西	1,057	211
2	美國	6,001	328	7	印尼	1,002	270
3	印度	3,394	1,366	8	伊朗	893	82
4	俄羅斯	2,476	144	9	德國	749	83
5	日本	1,166	126	10	加拿大	736	37

牛|刀|小|試 13-2

全球十大品牌

品牌顧問公司 Interbrand 每年會針對「品牌產品或服務的財務表現」、「品牌在影響消費者選擇方面扮演的角色」和「品牌協助母公司的獲利能力」三項標準，選出全球前百大品牌。自 2013 年開始，蘋果擊敗了蟬聯 13 年冠軍的可口可樂，穩坐第 1 名。請問：

1. 2021 年前十大品牌中，你曾經用過其中哪些品牌的產品？
2. 請問這前十大品牌來自什麼國家？請於國家欄位中填入。

2021 年排名	2020 年排名	品牌	品牌名稱	國家	品牌價值（億美元）	成長率
1	1	蘋果	蘋果（Apple）		4,082	＋26%
2	2	amazon	亞馬遜（Amazon）		2,492	＋24%
3	3	Microsoft	微軟（Microsoft）		2,101	＋27%
4	4	Google	谷歌（Google）		1,968	＋19%
5	5	SAMSUNG	三星（Samsung）		746	＋20%
6	6	Coca-Cola	可口可樂（Coca-Cola）		574	＋1%
7	7	TOYOTA	豐田（Toyota）		541	＋5%
8	8	Mercedes-Benz	賓士（Mercedes-Benz）		508	＋3%
9	9	McDonald's	麥當勞（McDonald's）		458	＋7%
10	10	Disney	迪士尼（Disney）		441	＋8%

第四節 北美洲的都市與經濟

北美洲因自然環境和人文條件的優越性，發展出許多深具國際影響力的都市。

一 世界最大都會帶

鄉村人口逐漸向都市地區集中，都市成為經濟、政治、文化、教育的中心，此過程稱為**都市化**，美國、加拿大均是都市化程度很高的國家。

由於都市人口的不斷成長，市中心因建築老舊、生活品質下降等因素，人們紛紛移居到都市外圍的郊區，形成**郊區化**現象（照片 13-24）。隨著郊區化的發展，商業活動也往郊區擴散（照片 13-25），而大都市的中心商業區則因住商分離，呈現夜間無人狀態。

便利的交通運輸網絡（照片 13-26），使都市持續向市郊擴張，逐漸和周圍郊區結合成都會區，有些相鄰的都會區彼此產生機能的連結，形成**大都會帶**（圖 13-10）。

↑照片 13-24 美國郊區整齊、相對低密度的住宅

↑照片 13-26 洛杉磯郊區的高速公路系統多達數十條，聯絡多個都市，也為大洛杉磯的住民提供通勤之便

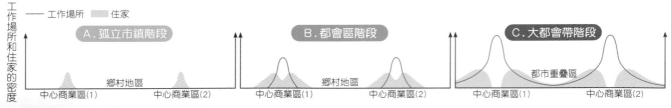

工作場所和住家的密度

—— 工作場所　▨ 住家

| A. 孤立市鎮階段 | B. 都會區階段 | C. 大都會帶階段 |

中心商業區(1)　鄉村地區　中心商業區(2)　　中心商業區(1)　鄉村地區　中心商業區(2)　　中心商業區(1)　都市重疊區　中心商業區(2)

↑圖 13-10 都市延伸擴張模式

⬇照片 13-25 位於奧勒岡州郊區的大型量販店。一些占地面積大、需要大量停車位的購物及娛樂設施，如大型的量販店、超級市場等，多向郊區擴散

美國因都會區結合所形成的大都會帶大致有三個（圖 13-11），其中最著名的紐約大都會帶即由東岸的波士頓、紐約、費城、巴爾的摩至華盛頓間的五個都會區所組成。紐約（照片 13-27）、費城是歐洲移民登陸的港口，也是歐、美間工商貿易的節點，此區位優勢使都市得以快速發展，人口多達 4,000 萬以上，其中紐約都會區約占了一半的人口數，成為北美洲最大的都會帶。

↑圖 13-11 美國大都會帶的分布

世界經濟核心

第二次世界大戰後，美國憑藉其政治與經濟實力，成為資本主義世界最大的資金供應者和國際金融領域主導者，也是全球最大的國際資金市場，紐約華爾街的一舉一動牽動著世界。

㈠影響世界的大國

美國影響全球經濟甚鉅：美元是世界貿易通行的貨幣；在資訊化社會的發展上，電腦和網際網路都是美國人發明的，許多高科技產品的美制規格也成為世界通用的標準。此外，美國品牌占有世界重要地位，透過強力的全球行銷策略，使消費客群遍及全球各地。

↓照片 13-27 紐約曼哈頓島

㈡案例：華爾街──世界金融中心

　　<u>紐約</u>華爾街狹窄的街道兩旁，盡是金融、保險、外貿公司等，著名的金融機構總部均座落於此。尤其<u>紐約</u>證券交易所（照片 13-28）是世界上最大的股票交易所，也是華爾街的象徵。2001 年的 911 攻擊事件，使華爾街股市休市數日，全球股市也隨之癱瘓；2008 年幾家大型的<u>美國</u>金融、資產公司倒閉，更引發了世界金融風暴與嚴重的經濟衰退，均說明<u>美國</u>在世界的重要地位。

↑照片 13-28 紐約證券交易所

✕ 牛|刀|小|試 13-3

NBA 球隊名稱

　　<u>美國</u>職籃 NBA 的球隊經常會用當地的特色來命名，請運用你在本章學到的知識，完成下列題目：

1.請將下列球隊連到他們所在的城市。

2.根據上面的線索，這些隊名的由來與哪些自然或人文特色相關？（填代號）

不只有漢堡！

歐、亞、非 影響下的北美洲料理

　　儘管難以考證漢堡的發源地，但隨著麥當勞在亞洲開展，漢堡一詞在亞洲地區已經泛指夾肉排的小圓麵包，一提起北美洲食物，多數人就會聯想到「美式漢堡」。其實北美洲的飲食並非只有漢堡，曾經的移民天堂美國，有著歷史洪流的軌跡，和豐富多元的飲食。

　　以密西西比河口的路易斯安那州為例，早期是移民南來北往的重地，各區的飲食文化也在此融合成克里歐（Creole）飲食文化。

克里歐醬汁與卡津（Cajun）醬汁

　　克里歐與卡津都是指混合文化（歐洲殖民母國、非洲移民、北美洲原住民）在各方面的發展，但兩者之間使用食材與烹調方式各有不同風味。

　　克里歐料理通常使用奶油（法國移民）、番茄（西班牙移民）、海鮮、大蒜等，經過黑人廚師的巧手（非洲移民），熬煮成濃湯或醬料，屬於價位較高的料理。卡津則是源於東北海洋省分南遷的農漁民（法國移民與當地原住民混血），傳統菜餚善用辣椒、香料調味，香辣可口，烹調方式較簡單隨興，帶有鄉村氣息。

鞭葉餅（Beignet）

　　十八世紀由法國人帶到殖民地的法式點心，法語意思為炸麵團，與甜甜圈相似，但中間無孔、通常呈現方形，油炸好後在撒上白色糖粉，是咖啡的絕配。

Crawfish

小龍蝦（Crawfish）料理

　　小龍蝦是路易斯安那州和德克薩斯州的名產，有許多吃法。最常見的是與香腸、玉米、馬鈴薯一起大鍋煮的水煮小龍蝦；去殼油炸後夾入法國麵包做成 Po' boy，或是做成燴飯 étouffées，都是混合了歐陸與北美的飲食方式。

小龍蝦又稱美國螯蝦，是體型較大的淡水蝦，但可食用的肉不多且具腥味，因此多調製成辣味，美國是全世界最大的小龍蝦出口國，而路易斯安那州更超過全國產量的 90%。

什錦飯（Jambalaya）

　　路易斯安那州濱墨西哥灣，海鮮是重要食材，什錦飯用蝦、牡蠣等當地物產，搭配歐洲風味的香腸，加入調味品與香料和稻米拌炒，源自於西班牙大鍋飯。

秋葵濃湯（Gumbo）

　　主要由高湯、秋葵、肉類或貝類、風乾的蔬菜所熬煮製成，食材與烹飪方式融合了西非、法國、西班牙、德國等地區的飲食文化。

Chapter 14

中南美洲

↓ 俯瞰里約熱內盧的基督像

北美洲人總會長伴我們左右，他的身影涵蓋了半個世界，而這個巨人影子所賦予的意象和所有仙女傳說的描述不謀而合；他是一個和藹的大傢伙，也是一個漠視自身力量的天真者。大部分的時間，我們對他懵懂無知，但他的氣息一不小心卻會將我們毀滅。

古巴革命家切·格瓦拉

　　相較於北美洲，中南美洲是個截然不同的世界。中南美洲北起墨西哥，南到智利的火地島，所跨緯度甚大。其中，墨西哥、中美地峽諸國及加勒比海的西印度群島，稱為中美洲；巴拿馬以南則為南美洲。本區因曾被西班牙和葡萄牙等南歐國家統治，深受拉丁文化影響，故又稱為**拉丁美洲**。

第一節　豐富的自然環境與多元文化

　　中南美洲地形縱列，**安地斯山脈**為其主要脊梁，山脈以西為環太平洋地震帶的一部分；以東則為古老結晶岩高地和沖積平原（圖 14-1）交錯分布。高溫多雨的熱帶地區面積廣大，但不利人居，著名的亞馬孫雨林就坐落於此。因中南美洲陸塊形狀呈倒三角形，氣候溫和的中高緯度地區陸地面積卻不大，發展空間有限，是本區先天條件上的限制。

一　複雜的自然環境

(一)多樣的地形

　　墨西哥高原及**中美地峽**一帶地形破碎，火山、地震頻繁，太平洋側延伸著長達千餘公里的火山帶（照片 14-1），其中薩爾瓦多為火山帶的中心，有「火山王國」之稱。火山活動雖帶來災害，但肥沃的火山土壤卻有利於當地的農業發展。

↑照片 14-1　墨西哥城附近一系列的火山錐

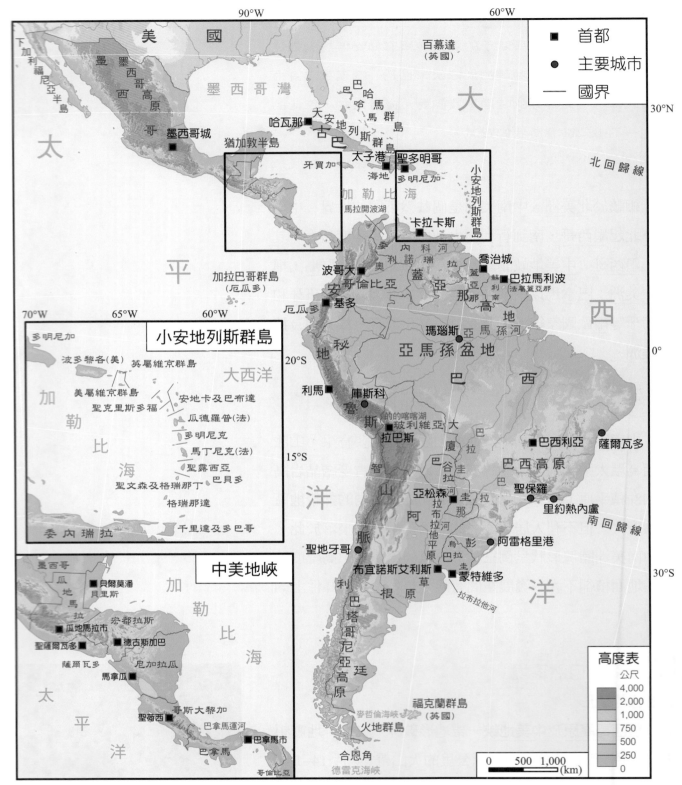

圖 14-1 中南美洲地形圖

位於中美地峽以東的**西印度群島**，被墨西哥灣及**加勒比海**所包圍，由北而南分別為**巴哈馬群島**、**大安地列斯群島**和**小安地列斯群島**。其中除了古巴有較大的平原外，其餘各國多山地、丘陵，可耕地有限，但優美的熱帶海島風光為此區帶來不少觀光收入（照片 14-2）。

狹窄綿長的安地斯山脈縱貫南美洲西部，山脈以西平原狹小，多火山、地震活動；以東多為久經侵蝕、起伏不大的古老高地，金屬礦藏豐富。高地之間有河流穿越，形成雨林、沖積平原和盆地，大部分在巴西境內的亞馬孫盆地包含了全球最大片的熱帶雨林和超過 10 萬種的植物和動物。往南陸地面積逐漸縮小，阿根廷首都布宜諾斯艾利斯以西的**彭巴草原**為主要的農業區。

（二）複雜的氣候

中南美洲所跨緯度甚大，氣候類型相當複雜（圖 14-2），從潮溼的雨林，到冰帽覆蓋的山地，還有乾燥的沙漠，自然景觀相當多元。

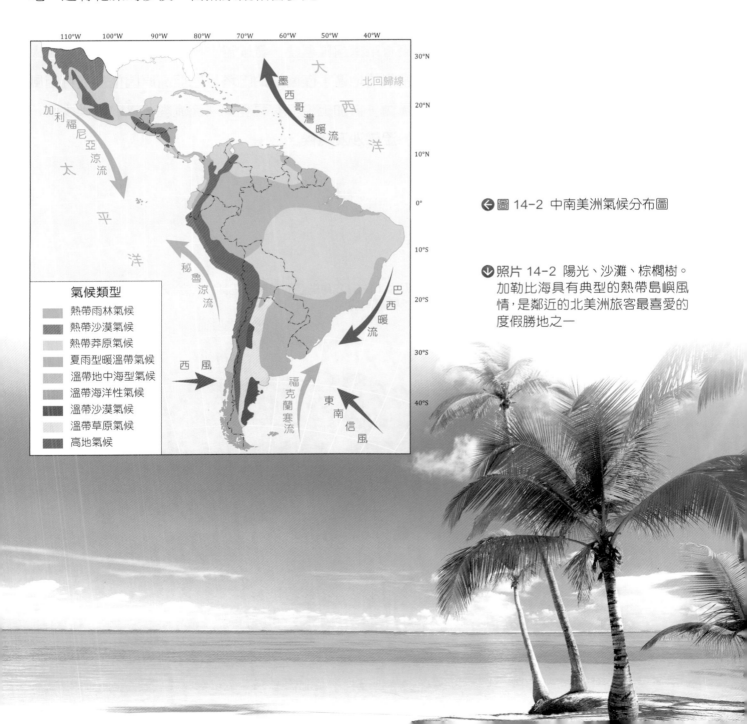

氣候類型
- 熱帶雨林氣候
- 熱帶沙漠氣候
- 熱帶莽原氣候
- 夏雨型暖溫帶氣候
- 溫帶地中海型氣候
- 溫帶海洋性氣候
- 溫帶沙漠氣候
- 溫帶草原氣候
- 高地氣候

◆圖 14-2 中南美洲氣候分布圖

↓照片 14-2 陽光、沙灘、棕櫚樹。加勒比海具有典型的熱帶島嶼風情，是鄰近的北美洲旅客最喜愛的度假勝地之一

關鍵特搜

聖嬰現象

　　聖嬰現象是南美洲秘魯及厄瓜多一帶漁民用以稱呼聖誕節時期一種異常氣候現象的名詞。發生期間，熱帶太平洋表面水溫呈現東高西低的變化，造成南美洲西岸異常暖溼，而東南亞與澳洲卻異常乾燥，漁業亦蒙受相當程度的損失。聖嬰現象每隔數年便會發生一次，影響周遭國家甚鉅。

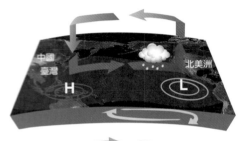

↑圖 14-3 聖嬰（上）與反聖嬰（下）現象發展示意圖

　　以安地斯山脈為主幹，北段東側因赤道經過，終年高溫多雨，屬於**熱帶雨林氣候**，亞馬孫雨林橫亙其間；雨林區周圍屬於乾溼分明的熱帶莽原。再向高緯移動，回歸線通過的地區，如墨西哥高原及秘魯南部、智利北部受到副熱帶高壓籠罩，乾燥少雨，沙漠廣布。廣大的熱帶地區鮮有人居，僅部分安地斯山脈間的盆地或谷地，因氣溫涼爽宜人，反倒成為了人口聚集的精華地帶（照片 14-3）。

　　安地斯山脈北段西側沿岸因有秘魯涼流流經，是世界著名的漁場，但週期性的**聖嬰現象**導致魚群數量銳減，對當地經濟造成嚴重影響，甚至導致氣候異常（圖 14-3）。

　　安地斯山脈（照片 14-4）南段以西有盛行西風吹拂、以東有東南信風環繞，氣候溫和，是南美洲產業發達、人口密集的地區。僅南端的巴塔哥尼亞高原因位於盛行西風背風側，再加上沿海有福克蘭寒流流經，以致乾燥少雨，屬於**溫帶沙漠氣候**。

↓照片 14-3 波利維亞的首都拉巴斯。位於安地斯山脈間的谷地，是世界最高的城市

二 多元的合成文化

　　印第安人在此建立高度的古文明，但 1492 年哥倫布發現「新大陸」後，歐洲人的強勢文化快速改變中南美洲的生活面貌，再加上因勞力需求所引進的非洲黑人，使中南美洲文化更加豐富多元。

(一)美洲古文明的搖籃

　　印第安人由於長期適應不同的自然環境與生活資源，發展出不同的生活方式，並建立高度文明的帝國。其中發源於中美洲猶加敦半島的馬雅文明、墨西哥高原的阿茲特克文明和南美洲安地斯山區的印加文明，是最具代表性的三大**印第安古文明**（圖 14-4）。

　　印第安人因地制宜培育出許多特有農作物，其中玉米最為重要，在今日墨西哥一帶最盛行，故本區又稱為「玉米文明」。其他作物如馬鈴薯、番茄、甘藷等，之後藉由歐洲人的傳播遍及世界各地，成為今日西式餐飲常見的食材。

◀ 特諾契提特蘭城為古阿茲特克文明首都，位於今日墨西哥城的地下

阿茲特克
1.時間：十四到十六世紀
2.位置：墨西哥高原
3.社會：階級觀念重、以人祭崇拜神祇
4.成就：積極擴張軍事及商業活動

馬雅
1.時間：西元前1,500年到十六世紀
2.位置：石灰岩廣布的猶加敦半島
3.社會：金字塔式階級化社會
4.成就：天文、曆法、數學等方面發達

▶ 馬丘比丘被聯合國教科文組織定為世界遺產

▲ 契琴伊薩金字塔，是世界新七大奇蹟之一

印加
1.時間：十一到十六世紀
2.位置：南美安地斯山區
3.社會：組織嚴密、交通網發達
4.成就：建築技術卓越，梯田、灌溉系統廣布

→ 遷移路線
● 主要據點

⬆ 圖 14-4 印第安三大古文明分布圖

⬇ 照片 14-4 安地斯山脈

墨西哥的玉米情結

　　墨西哥是玉米的故鄉，墨西哥人也對玉米有著特殊的情感。墨西哥人常說：「我們創造了玉米，玉米同時也創造了我們，我們是玉米人。」

　　玉米起源於墨西哥的巴爾薩河流域，經過數千年的培育，今日已有數百種品種。

　　墨西哥人除了將玉米煮熟食用外，還將其變化成多種菜餚，如塔可（照片 14-5）、玉米粽子、玉米餃子、玉米酒等，墨西哥人對玉米的熱愛幾乎滲透到每個生活角落。

(二)歐洲文明的強襲

　　哥倫布掀起歐洲人海外殖民浪潮後，十六世紀初葡萄牙即占領了巴西，西班牙則統治巴西以外的廣大中南美洲地區。長期的殖民使得中南美洲深受拉丁文化影響。在語言上，除了巴西講葡萄牙語外，其他地區以西班牙語為主。宗教信仰以天主教最為普遍，因此有許多與天主教聖人有關的地名，如聖保羅、聖荷西；西、葡移民也把家鄉的地名移植至此，如有許多地方皆稱為聖地牙哥（照片 14-6），即源自西班牙。

　　在歐洲人殖民期間，許多印第安人因戰爭、奴役而犧牲，加上歐洲人帶來的傳染病在部落間傳播，更造成大量印第安人死亡。由於印第安人人數銳減，導致勞力缺乏，殖民者於是在十六世紀初開始自非洲引入大量黑人充當奴隸，至今仍有許多黑人後裔在此定居，現在多分布在西印度群島和巴西等熱帶沿海地區。

◀照片 14-5　墨西哥塔可餅

◀照片 14-6　智利首都聖地牙哥。智利受過西班牙殖民，至今仍留有許多西班牙建築

㈢合成文化

　　自歐洲殖民者入侵以來，大批移民湧入，種族日趨多元，之後透過彼此間的通婚，血源日漸融合。雖然歐洲仍為本區的強勢文化，但也和印第安、非洲文化接觸而形成**合成文化**，如牙買加的雷鬼音樂（照片 14-7）、阿根廷的探戈（照片 14-8）、巴西的森巴舞曲等。其中巴西嘉年華會（照片 14-9）原為天主教在齋戒節前的慶典，十九世紀中葉黑人獲得解放後，融入了非洲歌舞的元素，更豐富了狂歡節的內容，每年都吸引全球大量遊客參與。

 關鍵特搜

合成文化

　　合成文化係指兩種或兩種以上不同文化團體，在長時間接觸下，產生與原本文化相異的新文化模式，通常發生在歷史背景複雜或地理位置特殊的地帶。中南美洲在歐洲文化強勢入侵後，與原本的印第安文化發生衝突及融合，再加上非洲、北美洲文化的影響，使當地存在豐富的合成文化景觀。

⬆照片 14-7　雷鬼音樂之父巴布・馬利。發源於牙買加的雷鬼音樂融合了非洲節奏、美國節奏藍調和牙買加本地傳統音樂，呈現出多元融合的文化特色

⬆照片 14-8　探戈，源自阿根廷的雙人舞蹈探戈融合了非洲與南歐的舞蹈風格

⬇照片 14-9 巴西嘉年華會為每年 2、3 月為期 4 天 4 夜的活動，吸引大量遊客前往

第二節 中南美洲的經濟發展與挑戰

中南美洲在殖民統治下，土地掌握在少數莊園地主手中，農民則多淪為佃農或雇工，社會上存在嚴重的貧富不均問題。農民無法靠勤勞耕作獲得溫飽，大量鄉村人口因而湧入都市謀生，都市人口過度膨脹，造成失業、公共設施不足、環境汙染和治安敗壞等問題。

關鍵特搜

莊園

莊園起源於歐洲的封建制度，地主擁有廣大土地，由奴隸與佃農來耕種。農民無法累積財富，生活亦相當清苦。

一 殖民地式經濟的遺毒

中南美洲各國雖在十九世紀相繼獨立，然而在經濟上仍維持殖民時期以熱帶栽培業或採礦業出口的單一經濟結構，如巴西的咖啡（表 14–1）、玻利維亞的銀礦等。**殖民地式經濟**高度依賴單一商品出口，使出口國的經濟發展受國際市場的需求及價格所控制。

以農、礦資源出口為導向的經濟型態，也導致製造業發展程度低落，大部分國家僅能輸出廉價的原料換取相對昂貴的工業產品，以致資金難以累積、國家財政困窘，惡性循環下，政府只能不斷向外舉債。

↓表 14-1 2019 年世界主要咖啡出口國

排名	國家
1	巴西
2	越南
3	哥倫比亞
4	印尼
5	宏都拉斯
6	衣索比亞
7	祕魯
8	烏干達
9	墨西哥
10	瓜地馬拉

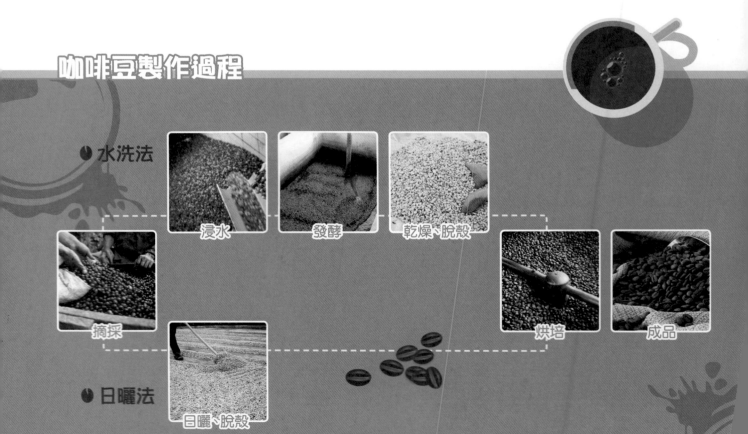

咖啡豆製作過程

水洗法

摘採　浸水　發酵　乾燥、脫殼　烘培　成品

日曬法

日曬、脫殼

二 轉型中的經濟

(一)社會主義改革方向

儘管中南美洲的天然資源豐富，但經濟總是操縱在外國人或少數政治勢力手中，為了擺脫現狀，二十世紀初，部分國家政府允諾將財產重新分配，走向社會主義。然而社會主義並非發展的萬靈丹，貧窮仍然普遍存在，許多國家走上專制獨裁的道路，如古巴的卡斯楚、委內瑞拉的查維茲等政治強人就是在這樣的背景下崛起。

> ■■■■■■■■■■■■■■■■■■■■■■■■■■■■
> **饕客筆記**
>
> 切・格瓦拉
>
> 　　切・格瓦拉出生於阿根廷，青年時遊訪拉丁美洲各國，體認到拉美普遍存在的貧窮與外來政權宰治問題，轉而認同共產和形成反美思想。後來前往古巴幫助革命，建立卡斯楚政權（照片 14-10），但在新政府中推行錯誤的經濟政策，讓他掛冠求去，加入剛果和玻利維亞反政府游擊隊，失敗後被殺。後人對其評價兩極，有人盛讚他不安於享樂，捨身於救贖貧苦人民；也有人認為他剛愎自用，性格殘暴，然而他對全球社會與政治有一定程度的影響。

↑照片 14-10 切・格瓦拉的頭像常成為反抗強權的象徵，在古巴流通的錢幣上也有他的形像。

(二)自由經濟改革方向

中南美洲經濟發展極具潛力，但卻難以和歐美及亞洲的新興工業國家相比，主要是因為產業無法升級、加工，產品利潤不高。以墨西哥為例，大部分原料以低廉的價格出口到美國後，製成產品後又以高價賣回墨西哥，無助於提升當地經濟。

財政惡化也使得政府開始思考對內開源節流，例如解雇部分公務員、出售國有財產、免去政府補助金等政策；對外則積極吸引外商投資。1990 年代，巴西推行貿易自由化策略，鼓勵進出口，與阿根廷、烏拉圭、巴拉圭合組**南錐共同市場** (MERCOSUR)（圖 14-5），以加強區域整合。巴西深海油田的探勘、甘蔗提煉酒精燃料的成熟技術，使中南美洲成為世界矚目的投資焦點。

↑圖 14-5 南錐共同市場以整合中南美洲為使命，以對抗強大的北美自由貿易區

↑照片 14-11 哥倫比亞麥德林。當地政府在貧民窟興建現代化手扶梯，方便居民通行

↑照片 14-12 公路橫貫亞馬孫流域。為了修築公路，周邊土地被大量開發，森林也遭砍伐，嚴重破壞當地生態

遭到破壞的環境

　　除了城鄉差距、貧富不均（照片 14-11）是中南美洲國家的共通問題之外，環境破壞也是一大隱憂，尤其亞馬孫流域的開發，雖潛力無窮卻也潛藏危機。

　　占巴西國土面積三分之一的亞馬孫流域，擁有世界最大、攸關全球生態平衡的熱帶雨林，被譽為「**地球之肺**」，茂密的叢林也是全球物種最豐富的基因庫和印第安人部落最後的樂園。然而自 1960 年代以來，巴西政府為改善國內經濟和失業問題，展開亞馬孫流域開發計畫，實行探採礦產、獎勵移民、拓墾農牧地、鋪設交通線（照片 14-12）等措施，使原始森林的生態平衡遭到破壞；許多印第安部落因而面臨生存危機，與政府或開發企業的衝突不斷。其他國家也有類似的困擾，如何在經濟發展和生態保護之間找出最佳平衡，是中南美洲國家的重要課題。

饕客筆記

南美洲的巨人——巴西

　　「正值南半球仲夏的週日早晨，成千上萬的觀光客湧進里約熱內盧。科帕卡巴納海灘早已寸步難行，遊客穿著短袖襯衫與海灘褲，辣妹們則穿著比基尼和人字拖，邊喝著冰涼啤酒，邊欣賞沙灘排球（照片 14-13）。午後 3 點是享用巴西窯烤的時刻；5 點可以在世界最大的馬拉卡納體育場（照片 14-14）欣賞足球賽事；夜晚降臨，氣溫下降，森巴舞團開始為即將到來的嘉年華會加緊準備……」。

　　巴西是個非常注重「休閒時光」的國家，而且也懂得利用這些資源賺取外匯，並有豐富的礦產及森林資源，是備受矚目的新興工業國家。但巴西政府大規模舉借外債，造成國家財政收支不平衡，再加上區域發展不平均、城鄉差距擴大、貧富不均等，使得這個「南美洲的巨人」病痛纏身。

↑照片 14-13 長 4.5 公里的科帕卡巴納海灘是巴西最負盛名的海灘之一

↓照片 14-14 巴西馬拉卡納體育場

牛|刀|小|試 14-1

一個國家，兩個世界

　　庫里奇巴是巴西第七大城市，其公車捷運系統主要透過公車專用道的設置、使用更安靜與低汙染的車輛及快速便利的收費系統等，成為世界城市交通規劃的楷模。目前庫里奇巴每天平均有85% 的通勤人口使用大眾運輸工具，不僅解決市中心的交通壓力，也改善空氣品質與節約能源。

　　反觀巴西第一大都市聖保羅卻是世界知名的「堵」城，這座城市每天正常堵車平均長達 100公里，人們每天開車上下班至少要耽擱 3～4 個小時。

　　作為巴西最大城市，聖保羅擁有 1.7 萬輛公車，但是經常不準時；市區也有地鐵系統，每天有 470 萬人次乘坐，但地鐵與公車銜接不良，大眾運輸品質不高。請問：

1. 同樣為主要都市，造成聖保羅交通問題的主因為何？

2. 巴西於 2016 年主辦奧運，成千上萬的國際觀光客湧入，第一大都市聖保羅勢必成為主要交通節點，若你是聖保羅的市長，會用什麼方法改善聖保羅的交通？

美食慶典
隨節奏舞動的拉美飲食

中南美洲南北跨越三個氣候帶，豐富的物產影響著在地飲食文化發展；美洲的古文明在與歐洲、非洲移民的原鄉元素長期融合之後，成為合成文化的靈魂——嘉年華慶典。

墨西哥

墨西哥菜餚受到氣候和印第安文化的影響，傳統的墨西哥菜主要以辣椒及番茄調味，口味酸、辣，莎莎醬便是其代表。玉米做為主要的糧食作物，發展出許多變化料理，由玉米粉製成的薄餅或餡餅，搭配番茄、生菜，以及炸魚或肉排，就是墨西哥主要的餐點。在舞廳、街道或公園廣場，總是可以看到墨西哥人跳著熱情的騷莎（Salsa）、輕快的昆比亞（Cumbia）、傳統的集體拉丁舞等，或是隨著古巴傳入的輕柔頌樂（Son）擺動。熱愛音樂與舞蹈的墨西哥人，在日常生活中隨著悠揚的樂曲，跳出奔放自由的舞步，並品嚐著太陽神賜予的玉米餅。

玉米餅

巴西

巴西是中南美洲面積最大的國家,位於熱帶氣候區,主要飲食受到印第安人及 15 世紀後的歐裔、非裔移民影響,主食除了玉米、麵包、米飯外,豆類也是餐桌要角,豆子燉飯更是國菜之一,盛名遠播;也因為畜牧業發達,牛、羊、豬、雞肉的供應量充沛,巴西窯烤也是著名菜餚。甚至因為巴西有為數眾多的日本人,炒麵、壽司在當地都有了新吃法!

黑豆燉飯

巴西的嘉年華會(狂歡節)於 1614 年第一次舉辦,演變至今已經成為享譽全球的國際慶典,慶典的起源、形式、服飾等是美洲原住民、歐洲、非洲文化交互影響的結果,最盛大的化妝遊行和舞會更是歡迎全民的參與,有「狂歡節之鄉」的美稱。嘉年華會期間,在街頭隨時買到各種派,甜的鹹的或是超辣的餡料;肉類更是狂歡節的主角,巴西人熱愛的烤肉可以盡情品嚐;而賣力跳舞、吶喊而流失的水分,也可以透過清涼降火的現剖椰子和國民飲料甘蔗酒 caipirinha 補充;當賣豆子燉飯的小攤漸多時,你就知道熱鬧派對到尾聲了。

非洲

↓ 肯亞馬拉河動物大遷徙

非洲是人類的起源地，但在近代歷史上卻未能展現其
地位，成為被支配的角色。非洲大陸北隔地中海與歐洲相
望，東北以西奈半島和亞洲相通，自古即與歐、亞兩洲有
所往來（圖 15–1），加上位於印度洋、大西洋之間，是歐
洲人前往東方的必經通道，卻也淪為列強必爭之地。

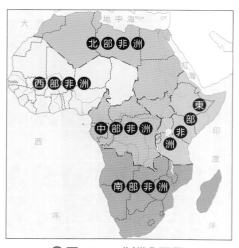

↑ 圖 15–1 非洲分區圖

第一節　非洲的自然環境

一 完整單調的地形

非洲為一古老結晶陸塊，地形完整單調（圖 15–2），
以高原為主體；高原內陸有多處盆地錯落其間，如撒哈拉
盆地、剛果盆地；平原僅見於沿海及河岸地帶，海岸線平
直少曲折，缺乏島嶼和良港；新褶曲山脈較少，如橫亙西
北側的亞特拉斯山。整體地勢東南高、西北低，而東非因
板塊張裂作用，紅海陷落與亞洲分離，形成**東非大裂谷**及
一連串往南延伸的斷層湖或瀑布（照片 15–1），裂谷兩側
有許多熔岩高原和火山群，吉力馬札羅山為非洲第一高
峰，海拔 5,895 公尺（照片 15–2）。

↑ 照片 15–1 東非維多利亞瀑布

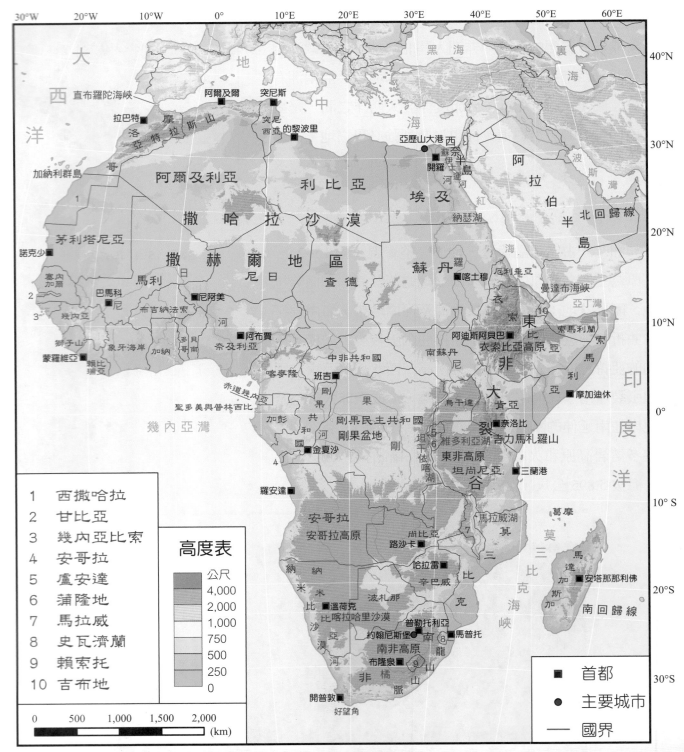

30°W　20°W　10°W　0°　10°E　20°E　30°E　40°E　50°E　60°E

大
西
洋

地
中
海

黑　海

裏
海

40°N

直布羅陀海峽
阿爾及爾
突尼斯

拉巴特　摩
洛　亞特拉斯山
哥

突尼
西亞　的黎波里

亞歷山大港　西
蘇奈半島
伊士運河
開羅

阿
拉
伯
斯
灣

30°N

加納利群島

阿爾及利亞

利　比　亞

埃　及

納瑟湖

北回歸線

茅利塔尼亞

撒　哈　拉　沙　漠

撒　赫　爾　地　區

蘇　丹

羅
喀土穆

厄利垂亞

阿
拉
伯
半
島

20°N

諾克少

塞內
加爾
巴馬科
尼

馬利

尼
日

尼
日
河

查　德

紅
海

曼達布海峽

幾內亞
獅子山
蒙羅維亞

尼阿美
布吉納法索

象牙海岸
加納

阿布賈
奈及利亞

南蘇丹

衣
索
比
亞

阿迪斯阿貝巴　東
非
衣索比亞高原

10°N

亞丁灣

索馬利蘭

索
馬
利
亞

賴
比
瑞
亞

聖多美與普林西比

喀麥隆
班吉
中非共和國

剛
果
共
和
國

剛
果
河

烏干達

大
肯
亞

摩加迪休

0°

幾內亞灣

加彭

剛果民主共和國
剛果盆地
金夏沙

坦
干
依
喀
湖

維多利亞湖　裂
東非高原
坦尚尼亞
谷

奈洛比
吉力馬札羅山

三蘭港

印
度
洋

羅安達

10°S

安哥拉
安哥拉高原

尚比亞
路沙卡

馬拉威湖
7

葛摩
莫
三
比
克
海
峽

馬
達
加
斯
加

納
米
比
亞

納
米
比
亞

辛巴威
哈拉雷
波札那

三
比
克

安塔那利佛

20°S

溫荷克
喀拉哈里沙漠

南回歸線

比
沙
漠

贊
比
西
河

橘
河

約翰尼斯堡
南非高原
布隆泉

普勒托利亞　南
8
馬普托

非
洲
9龍
山
脈

30°S

開普敦
好望角

高度表

公尺
4,000
2,000
1,000
750
500
250
0

1	西撒哈拉
2	甘比亞
3	幾內亞比索
4	安哥拉
5	盧安達
6	蒲隆地
7	馬拉威
8	史瓦濟蘭
9	賴索托
10	吉布地

■　首都
●　主要城市
—　國界

0　500　1,000　1,500　2,000
(km)

⬆圖 15-2 非洲地形圖

⬇照片 15-2 吉力馬札羅山

三　南北對稱的氣候

　　赤道貫穿非洲中部使氣候呈**南北對稱**的特色（圖 15-3）。 位處低緯的剛果盆地屬於熱帶雨林氣候，其南北兩側隨著緯度漸高轉變為熱帶莽原氣候（照片 15-3）；回歸線附近因**副熱帶高壓籠罩**及沿海**涼流**的影響，形成占非洲面積 60% 的沙漠及草原氣候，如撒哈拉沙漠（照片 15-4）、喀拉哈里沙漠及納米比沙漠。而北非濱地中海區及南非西南側則呈現地中海型氣候景觀；東非山區因地勢較高，以高地氣候為主；南非東南沿海受阿古拉斯暖流及東南信風影響，為夏雨型暖溫帶氣候。

　　除了對稱性的氣候類型之外，西非幾內亞灣沿岸受到間熱帶輻合區 (I.T.C.Z.) 的南北季移的影響，冬、夏季節風向相反，為季風亞洲外，全球另一個季風氣候區。

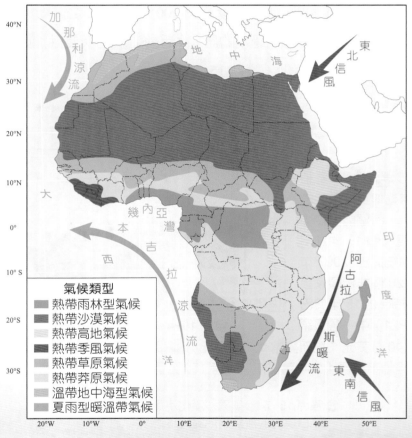

氣候類型
- 熱帶雨林型氣候
- 熱帶沙漠氣候
- 熱帶高地氣候
- 熱帶季風氣候
- 熱帶草原氣候
- 熱帶莽原氣候
- 溫帶地中海型氣候
- 夏雨型暖溫帶氣候

⬆ 照片 15-3　熱帶莽原是大型野生動物天堂

◀ 圖 15-3　非洲氣候分布圖

⬇ 照片 15-4　撒哈拉沙漠。利比亞境內的綠洲

↑照片 15-5 尼羅河衛星影像圖

地圖標示：開羅、尼羅河、亞斯文高壩、納塞湖

三 自然環境的影響

　　非洲傳統土地利用方式深受自然環境的影響，雨林區人口稀少，多從事自給自足的**採集**、**游耕**生活；半乾燥、乾燥區則以採集、**游牧**為主。有水源的綠洲可見**綠洲農業**；大範圍的乾燥地區，水源的引用成為發展的重要關鍵，河川甚至成為孕育非洲文明的發源地，如流經埃及的尼羅河（照片 15-5），塑造出璀璨的古埃及文化（照片 15-6）。

　　非洲在人口快速成長下，為解決生計而大量開發邊際土地，超過環境負載力，造成土地退化。如撒哈拉沙漠南緣的**沙黑爾**地區，年降水量介於 100～600 mm 之間，是沙漠與莽原的過渡區，過度的農、牧活動造成土壤侵蝕加劇，形成嚴重的沙漠化（照片 15-7）。

饕客筆記

非洲綠色長城 (Great Green Wall)

　　此計畫是指沿著撒哈拉沙漠南緣的沙黑爾地區，種植橫跨大陸的樹牆，由西部的塞內加爾一帶延伸至東部的吉布地，林帶寬 15 公里、長約 7,775 公里，希望能阻擋強風所夾帶的沙塵、減緩土地沙漠化的速度（圖 15-4）。

　　計畫最初是 2005 年由前奈及利亞總統提出，2007 年非洲聯盟（AU）採納，至今已有超過 20 個非洲國家參與，世界銀行與聯合國等組織也給予支持。2015 年於巴黎舉辦的第 21 屆聯合國氣候峰會（COP21）中，各國領袖承諾在未來 5 年中，將資助此計畫共 40 億美元（約新臺幣 1,320 億元），協助抑制非洲沙漠化以及改善當地的生活品質。目前塞內加爾已經植下超過 1,200 萬棵樹，橫跨 150 公里，面積約 4 萬公頃。

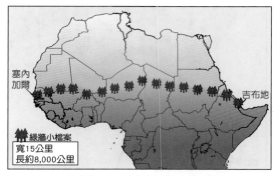

地圖標示：塞內加爾、吉布地

綠牆小檔案
寬 15 公里
長約 8,000 公里

↑圖 15-4 非洲綠色長城

↓照片 15-6 埃及金字塔

↓照片 15-7 沙黑爾沙漠化示意圖（上）；尼日境內的沙黑爾地區（下）

第二節　非洲的人文特色

　　大航海時期歐洲國家向海外發展，也是非洲淪為殖民地惡夢的開始，本區成為西方列強競奪的場域，殖民色彩至今仍強烈影響非洲國家政治、經濟與生活的發展。

一　殖民勢力的政治影響

　　十五世紀末，葡萄牙人最先抵達西非沿海熱帶島嶼，揭開非洲的殖民史。美洲新大陸發現後，從非洲輸入大量「勞力」（圖 15–5），黑奴（圖 15–6）成為**歐、美、非三角貿易**體系中被販賣的商品，時間長達 300 年之久。今西非奈及利亞、貝南沿海一帶，即為當時輸出奴隸的主要據點，因此被稱為「**奴隸海岸**」。

　　十九世紀歐洲列強在非洲殖民達到高峰，彼此在地圖上劃定勢力範圍（圖 15–7），除**衣索比亞**及**賴比瑞亞**外無一倖免。勢力劃分並未考量原有非洲族群的分布狀況，導致許多地方族群生活領域被迫分割，或與敵對族群劃入同區。1960 年被稱為非洲獨立年，當年有 17 國宣布獨立，許多國家獨立後國界範圍仍依殖民時的疆界劃分，埋下國家動盪的隱憂，造成今日區域衝突。

　　種族歧視亦種下非洲不安的因子，如南非早年由少數白人執政，實施**種族隔離**政策，限制有色人種的行動、居住、就業自由，不僅造成南非社會的不安定，也阻礙經濟的發展，政策終至 1990 年代廢除，1994 年南非首次多種族大選中，選出第一位黑人總統——曼德拉。

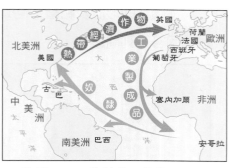

↑ 圖 15-5　歐美非三角貿易圖

↑ 圖 15-6　運送販賣黑奴

＊此圖顏色代表過去歐洲殖民勢力範圍，大部分國家在 1960 年代取得獨立，例外年分在括弧中註明，多數島國未列出。

↑ 圖 15-7　歐洲對非洲殖民地圖

牛刀小試 15-1

非洲的幾何邊界

從國家的形狀及範圍，可以看出國家發展的歷史，下圖是西非國家分布圖，請仔細觀察地圖，回答下列問題：

1. 從地圖上如何能看出非洲國家有曾經被殖民過的痕跡？
2. 幾內亞灣沿岸的國家國土呈現長條狀、首都多臨海且為該國最大都市，此種現象與國家發展過程中的何種因素有關？

↑圖 15-8 可可因其價值有綠色黃金之名，重要產地迦納昔日亦被稱做黃金海岸

依賴式經濟的形成

雖然政治上取得自主，但與世界其他的殖民地一樣，經濟發展仍深受殖民母國的影響。西方列強於非洲大量開採礦產，如奈及利亞的石油、剛果的鑽石及南非的金礦、鑽石；在農業方面，也發展西方市場所需的熱帶栽培業，如西非的可可（圖 15-8）、東非的咖啡成為重要的輸出農產品。

可可製作過程

●可可樹為熱帶植物，生長範圍介於南北緯20度間。果實就像一棵橄欖球，掛在樹幹和粗枝上，產量會逐年增加。

●●用刀砍下成熟的果莢剖開後即可看見約20～40個奶油色的種子，挖出連肉的可可豆，收於箱或堆成一堆。

●●●放置幾天後的可可豆表皮果肉開始受熱發酵，期間反覆翻攪可可豆，排乾所有的水分以控制發酵過程，此時，可可豆芳香四溢，色澤加深。

●●●●發酵時間大約七天。乾燥後發酵隨即終止，當然以陽光下曬乾最佳。之後，就能包裝可可豆準備運前去加工製成巧克力原料。

農礦資源雖為非洲國家帶來外匯，但價格深受國際市場波動影響，且利潤薄弱，未能改善鄉村生活，更因為良田多用於耕種經濟作物，基本的糧食生產不足，亦加深非洲饑荒問題的嚴重性。2019 年撒哈拉沙漠以南的非洲人口仍有超過 34% 的人口每日收入低於貧窮線；由 2019 年聯合國人類發展指數 (HDI) 的排名來看（圖 15-9），撒哈拉沙漠以南的漠南非洲，為全球經濟發展最低的地區，在全球近 200 個國家中，最後 20 名有 18 名是非洲國家。

關鍵特搜

國際貧窮線

2015 年世界銀行將絕對貧窮線上修至 1.9 美元，2021 年全球有 7 億人低於標準，貧窮問題有待解決。

人類發展指數 (HDI)

人類發展指數是聯合國開發計畫署以該國的健康狀況、教育程度、生活水準 3 個面向來衡量國家的發展，分為極高度、高度、中度和低度發展 4 級。

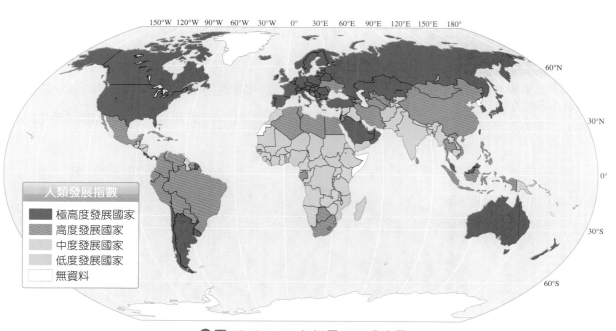

人類發展指數
- 極高度發展國家
- 高度發展國家
- 中度發展國家
- 低度發展國家
- 無資料

↑圖 15-9 2019 年世界 HDI 分布圖

饕客筆記

看電影學地理

盧安達飯店（照片 15-8）以 1994 年「盧安達大屠殺」為背景，討論盧安達及蒲隆地境內的種族問題，因殖民時期的統治，造成境內族群的對立，也埋下兩國多年的內戰，甚至造成東非 200 多萬的難民潮。

電影血鑽石以獅子山為背景，探討境內鑽石開採的故事。由於內戰衝突，反政府組織常以切斷俘虜的手腳、耳朵、嘴唇等，威脅其他人開採鑽石以賺取利益投入軍備。

↑照片 15-8 《盧安達飯店》（左）；《血鑽石》（右）

人口與疾病問題

漠南非洲是世界人口成長快速的地區之一，視子女為生產勞動力的傳統觀念及一夫多妻制等，使得出生率居高不下。人口快速成長，糧食不足造成饑荒，也造成非洲營養不良的比例相當高（圖 15-10）。此外，生存上的壓力也容易引發戰爭。

殖民時期，殖民母國將資源投入少數都市，因此吸引大量鄉村人口移入，形成**首要型都市**。高密度的人口讓生活品質下降，公共建設不敷使用；移入的鄉村居民棲身於郊區邊際土地，形成貧民窟，不僅成為都市治安、疾病的死角，也反映城鄉差距懸殊（照片 15-9、15-10）。

非洲溼熱的環境易孳生病媒蚊，加上醫療設備條件不佳、自來水設施不完善，提供傳染病擴散的環境，昏睡病、黃熱病及血吸蟲病等流傳甚廣；尤其是非洲的愛滋病感染率居世界之冠，其中非洲南部最為嚴重（圖 15-11）。根據

↑照片 15-9 索馬利亞難民營的飢餓孩童伸手討食物

↓圖 15-10 2020 年飢餓地圖

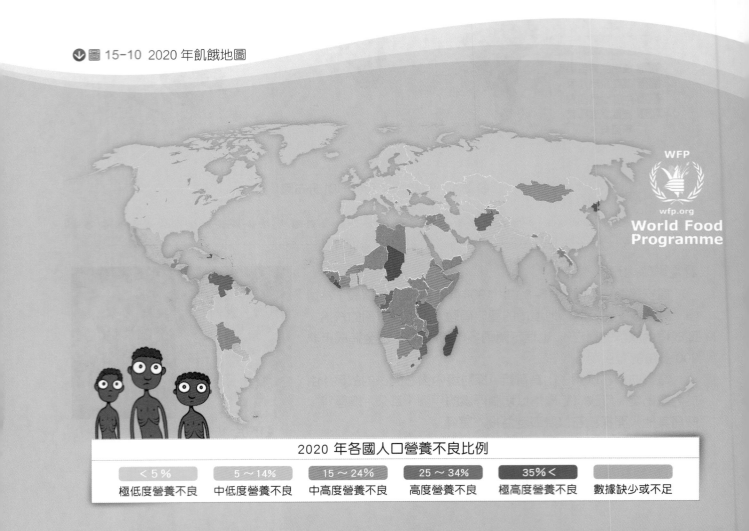

WFP
wfp.org
World Food Programme

2020 年各國人口營養不良比例

< 5 %	5 ～ 14%	15 ～ 24%	25 ～ 34%	35% <	
極低度營養不良	中低度營養不良	中高度營養不良	高度營養不良	極高度營養不良	數據缺少或不足

世界銀行的研究顯示，史瓦濟蘭、賴索托兩國更因為愛滋病肆虐，平均壽命僅約 50 歲上下。愛滋病感染者多為社會上主要的勞動階層，病患的死亡，也象徵勞動人力資源的減少，影響國家社會經濟發展。另外，盛傳於非洲的伊波拉出血熱亦是令人擔憂的疾病，2018 年的嚴重疫情更一度造成全球恐慌。

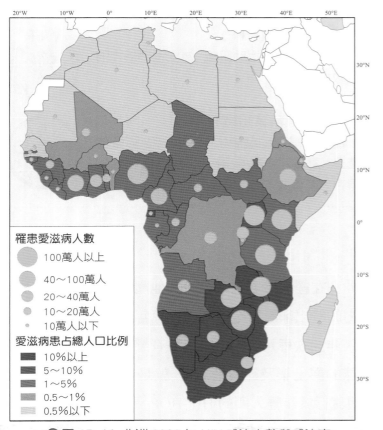

罹患愛滋病人數
- 100萬人以上
- 40～100萬人
- 20～40萬人
- 10～20萬人
- 10萬人以下

愛滋病患占總人口比例
- 10%以上
- 5～10%
- 1～5%
- 0.5～1%
- 0.5%以下

↑圖 15-11 非洲 2020 年 HIV 感染人數與感染率

昏睡病

　　由嗤嗤蠅所引發的病症，動物遭其叮咬便會昏睡，受感染者可能持續昏睡達數年之久，嚴重者在數月間會死亡。嗤嗤蠅也是非洲農牧業發展的阻礙之一。

↓照片 15-10　全世界第二大貧民窟——肯亞 Kibera

↑照片 15-11 非洲人民等待食物的發放

許多國際人道組織長期關心非洲衛生與環境的議題。如世界展望會的孩童資助計畫，給予生活及教育、醫療上的援助。又如**世界糧食計劃署**（WFP）和**聯合國糧食及農業組織**（FAO），則提供非洲饑荒的國家糧食並協助生產（照片 15-11）。

🔍關鍵特搜

世界糧食計劃署 (WFP)
　　聯合國的食品援助組織，為全世界最大的人道救援組織。

聯合國糧食及農業組織 (FAO)
　　糧農組織幫助發展中國家和轉型國家實現農業、林業和漁業的現代化發展，確保人人獲得良好的營養和糧食安全。

四 非洲對世界文化的影響

非洲在經濟發展上雖落後其他國家，但其部落文化透過勞力的輸出卻影響全球。巴西嘉年華會，便是天主教慶典融入非洲歌舞元素的代表。在音樂方面更為明顯，如風行全球的爵士樂及節奏藍調，就是起源於非洲的音樂形式；而流行於年輕人間的 HIP-HOP 更是非裔文化的象徵。在雕刻繪畫上，非洲文化也對西方繪畫史中的立體派（照片 15-12）、野獸派等產生影響。在運動方面，黑人在陸上運動的表現，更成為歐美體壇競相網羅的對象。

非洲文化的多元及獨具特色的樣貌，隨著全球化傳播各地，互相交流、融合並發揚光大，展現屬於自己的特色也讓世界更加認識非洲。

↑照片 15-12 畢卡索——「亞維儂的姑娘」（1907 年）。受非洲部落面具和木刻造型的影響，被稱為第一幅立體派的作品

2010 年世界盃足球賽

　　2010 年世界盃足球賽是國際足總第十九屆世界盃足球賽，於 2010 年 6 月由南非主辦（照片 15-13），這是世界盃第一次在非洲國家舉辦，此次世界盃的舉行，凝聚非洲人的向心力，也將非洲文化的熱情，透過世界盃傳播到全世界。估計共有超過 320 億人次的觀眾透過電視直播觀看本屆賽事，創下歷史新高。

➔ 照片 15-13　2010 年世足賽

牛|刀|小|試 學生活動 15-2

世界展望會

　　世界展望會是全球最大的兒童關懷機構之一，在全世界約 100 個國家中都有為兒童服務工作的據點，每一年，透過各項活動照顧貧困的兒童及受苦的人群。「飢餓三十——人道救援行動」自 1990 年起舉辦，匯集國內各界民眾的愛心，回應世界各地緊急災難及國內急難家庭的需要。

1. 近年世展會將飢餓三十活動推廣至校園中舉行，以飢餓 12 小時的方式鼓勵學校自辦營隊，請分享參與過相關活動的感想。（若沒參與過的同學，請試著想像飢餓 12 小時甚至 30 小時是什麼感受。）

2. 全球都有許多需要幫忙的弱勢群體，請以國內及國際為範圍，試著說明何種議題或何種團體應當是首先要協助的？

吃飽更勝吃巧
——水源有限的糧產極大值

聯合國糧食及農業組織於《2015 年世界糧食不安全狀況》報告中顯示，過去 25 年來全球飢餓人口數從 10 億人減少到現在的 7.95 億人，但嚴峻的自然環境和災害、加上內亂、政治不穩定等人禍，仍使得非洲糧食安全堪憂。非洲有 24 個國家面臨糧食危機，尤其撒哈拉沙漠以南的非洲地區將近 1/4 的人口處於營養不足的狀態，是全球最嚴重的區域。

如同美洲馬鈴薯傳入歐洲成為重要的糧食作物一樣，玉米和樹薯傳入非洲，支持了大量非洲人的生活，尤其是南美洲原生的樹薯因其耐旱、不需施肥和除蟲，在山坡或平地都可種植，成為非洲重要的主食。非洲是今日樹薯主要的生產地，有 5 億非洲人口需要靠它填飽肚子，奈及利亞更是全球最大的樹薯生產國。

樹薯的塊根富含碳水化合物，熱量很高但缺少蛋白質，而且必須烹調至全熟或發酵處理，否則會在消化過程中產生致命的氰化氫。也由於樹薯全株有毒，保存時不用擔心被動物偷吃，只要將樹薯磨碎或搗碎後，壓去多餘水分後，炒乾，就可以保存很久，因此乾燥的樹薯粉是最常見的貯藏方式。

　　主食傳統由山藥、地瓜等富含澱粉的作物製作而成的，地理大發現後引進的樹薯和玉米所製的麵糰，也同樣用此名稱，市集可以看到販賣 fufu 粉的小販。將樹薯粉加熱水攪拌，再揉成較堅硬的熟麵糰，則稱作 banku；捏成小球、蘸取濃湯食用，最為常見；或是加入冷水和糖、椰肉、堅果等，就成為甜的粥品。

　　亞洲熱帶地區也會食用樹薯，當地居民將樹薯粉加水做成各種糕點，例如黑糖糕和珍珠奶茶中的「珍珠」。在原產地南美洲，樹薯常與肉類拌炒，增加餐點的香氣和口感，稱做 Farofa，是巴西著名的料理；但在食物選擇性更少的非洲地區，傾向於更簡單的料理方式，他們會直接將新鮮樹薯放在火上烤熟食用，不但美味，也較適合水源稀缺的非洲地區。

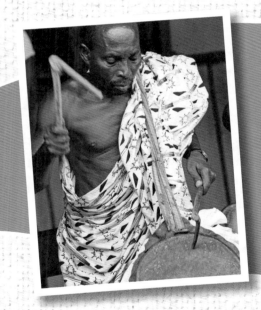

　　樹薯對非洲人的生活是如此重要，甚至出現了「樹薯節」。樹薯節是西非埃維族的重要節日，好比華人的新年，每年舉行為期九天的慶典。第一日，村民將抓搗碎的樹薯泥拌上棕櫚油，製成美食並放置在農具上食用，當地人稱之為「特巴克」。還有以村為單位的「樹薯比賽」，村民選出樹薯，寫上自己的名字，放到村中廣場。比賽開始後，鼓手奏樂，穿著傳統服飾的男女隨著鼓聲歡樂起舞。頭目和長老則開始評審，在覺得最好的樹薯旁放置小豆，獲得最多小豆即是贏家。

　　香蕉在臺灣是食用水果，但香蕉的近親——大蕉富含澱粉，卻是亞洲和非洲約五億人口的主食之一，至少有四億人口透過香蕉獲取每日攝取 1 ～ 3 成的熱量，重要性僅次於稻米、小麥與玉米。不同種類、顏色的香蕉可以直接食用、燒烤、煎炸，甚至用來熬湯。

Chapter 16

大洋洲

↓ 紐西蘭羊群數量多，約人口數的八倍

活躍於十八世紀的英國航海探險家庫克船長，為大洋洲許多島嶼、山脈、海灣命名的重要人物。他曾在日記為自己寫下人生目標：「我打算不僅比前人走得更遠，而是要盡人所能走到最遠。(I intend not only to go farther than any man has been before me, but as far as I think it is possible for a man to go.)」

編者，2016

大洋洲包含澳洲、紐西蘭及座落在太平洋上數萬個島嶼，人口較世界其他地區稀少，廣闊的海域為此區最大的特色及資產。

第一節　大洋洲的環境特色

一　三大島群

大洋洲以小島居多，海域面積廣大，小島的面積不到太平洋海域的 1%。大致以赤道及國際換日線為界，可分為三大島群：玻里尼西亞、密克羅尼西亞及美拉尼西亞（圖 16-1、表 16-1）。

太平洋島嶼除依位置分為三大島群外，依地勢高低可分為**高島**與**低島**。高島多為火山島或大陸島，地勢較高，降雨豐沛、土壤肥沃，天然資源豐富、農業發達，人口較多。反之，地勢低平的低島多屬珊瑚礁島（照片 16-1），降水少，多以漁業、觀光業作為主要活動，人口也較少。

⬇ 表 16-1　三大群島的意涵及其類型

名稱	意涵	島嶼類型
玻里尼西亞	多島	珊瑚礁島、火山島
密克羅尼西亞	小島	珊瑚礁島
美拉尼西亞	黑人島	大陸島

⬇ 照片 16-1　馬紹爾群島

　　近年氣候變遷、全球暖化，使得部分低島面臨海平面上升，國土消失的危機。吉里巴斯在 1999 年，兩個無人小島已成為環境變遷下的犧牲者，淹沒消失。海島國家**吐瓦魯**，也被迫面臨舉國移民的困境，2001 年政府宣布島上居民將撤離並移居紐西蘭，成為環境難民。

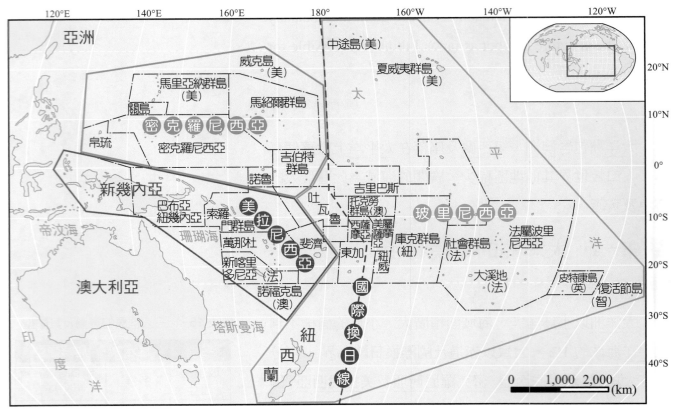

↑圖 16-1　三大島群分布圖

牛|刀|小|試 16-1

臺灣的好朋友

　　中華民國的國際地位由於兩岸關係而相對弱勢，外交部積極與各國建立關係，截至 2022 年 7 月，在大洋洲有不少臺灣的好朋友（邦交國）如表 16-2，請問他們分別屬於三大島群中的何者？

↓表 16-2　臺灣在大洋洲的邦交國

1	吐瓦魯國	
2	諾魯共和國	
3	帛琉共和國	
4	馬紹爾群島共和國	

★備選答案：
（A）密克羅尼西亞
（B）美拉尼西亞
（C）玻里尼西亞

二 澳洲

　　澳洲為大洋洲最大的島嶼，面積全球第六，有島洲之稱（圖 16-2）。澳洲為古老地塊，地表遭長久侵蝕，可分為三大地形區。東部以**大分水嶺山脈**為主體，呈南北走向，向南延伸至塔斯馬尼亞島；中部為平原低地區，艾爾湖盆地及墨累大令盆地為澳洲主要的農牧區；西部為廣大的高原區，呈現典型的岩漠景觀（照片 16-2）。

　　南回歸線通過澳洲中部（圖 16-3），中西部因**副熱帶高壓**籠罩及**涼流**影響，沙漠廣布；往東越過大分水嶺山脈東南側，因信風及暖流的作用，為夏雨型暖溫帶氣候；西南側伯斯及阿得雷德等地，則呈現夏乾冬雨的地中海型氣候；北端因緯度較低加上海陸位置的影響，出現熱帶莽原及熱帶雨林的景觀。與世隔絕的島嶼位置，孕育出不少澳洲特有物種（照片 16-4）。

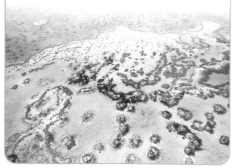

饕客筆記

大堡礁

　　大堡礁（照片 16-3）位於澳洲東北昆士蘭州外海，是世界最大的珊瑚礁群，有豐富的珊瑚景色，成為吸引世界各地遊客前來欣賞的最佳海底美景。

↑照片 16-3 澳洲大堡礁

▲鴯鶓　　▲無尾熊　　▼袋鼠　　▲袋獾

⇩照片 16-2 烏魯汝 (Uluru)，又稱為艾爾斯岩，澳洲西部岩漠中著名景點

↑照片 16-4 澳洲因孤立的地理位置，擁有許多獨特的動物

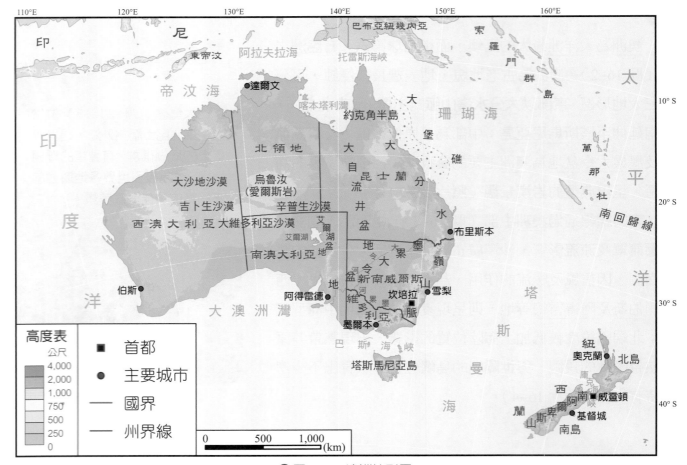

↑ 圖 16-2 澳洲地形圖

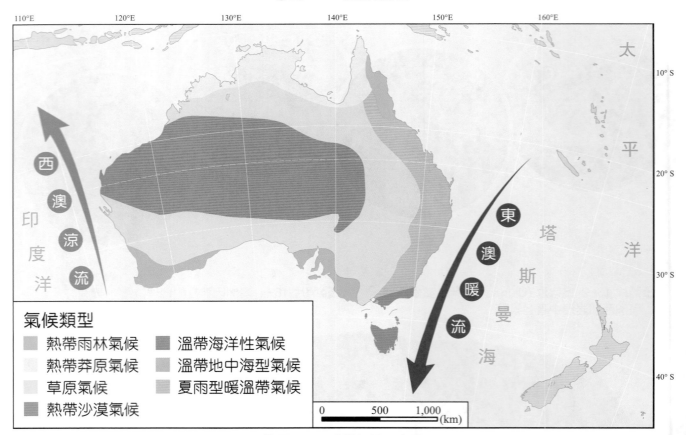

↑ 圖 16-3 澳洲氣候分布圖

三 紐西蘭

紐西蘭位於澳洲東南側，兩國隔著 1,600 多公里的海域，自然景觀各有特色。紐西蘭以庫克海峽分為南、北兩島，屬於環太平洋火山帶的一部分，山地、丘陵綿亙，面積占全國四分之三，多樣的地形景觀使紐西蘭有「**活的地形教室**」之稱。

北島以火山地形為主（照片 16–5），多溫泉、地熱景觀，起伏較小，全國有四分之三人口居住於此；南島主幹為南阿爾卑斯山，冰河地形豐富（照片 16–6），東側的平原為南島重要農業帶及人口聚集區。

紐西蘭緯度適中，終年受西風吹拂，氣候溫和溼潤，屬**溫帶海洋性氣候**。降水因山脈阻隔，東西兩側有所差異（圖 16–4），但全境涼溼的氣候，提供畜牧業適合生長的環境。

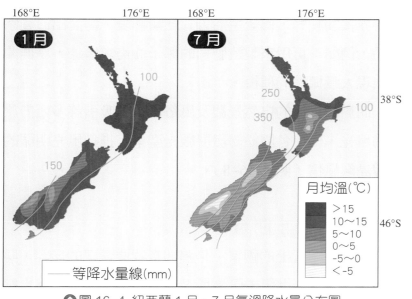

圖 16–4 紐西蘭 1 月、7 月氣溫降水量分布圖

↑照片 16-5 紐西蘭北島 Taranaki 火山為電影《末代武士》中富士山之場景拍攝地

↓照片 16-6 紐西蘭南島庫克山國家公園　冰河侵蝕所成的 U 型谷

↑照片 16-7 椰乾 將椰肉取出，利用日照曬成椰乾

↑照片 16-8 三大島群熱帶島嶼觀光業（法屬波里尼西亞——波拉波拉島）

↑照片 16-9 澳洲的畜牧業，以牧羊為主

第二節 大洋洲的人文特色

大洋洲各區的產業發展，因其自然環境及國家考量而各具特色，但近年來觀光發展亦成為主流方向。

一 熱情的度假島群

三大島群傳統以農業為主要生活方式，各島嶼間有海洋的阻隔加上位置孤立，許多地方維持傳統採集、漁撈及農耕的樣貌。棕櫚、椰子（照片 16-7）、麵包樹、芋頭、香蕉等為常見的作物。隨著地理大發現、航海技術的進步，與外界接觸頻繁，傳統生活方式逐漸轉變，轉而出口農礦產品，例如：可用來製造肥皂的椰子油需求增加，島群開始出現大量椰林的種植。

而島群獨特的自然景觀及風俗民情，吸引許多西方旅客的目光，促使各國紛紛發展觀光產業，推銷風光明媚的熱帶島嶼風情（照片 16-8）。

二 騎在羊背上的澳洲

「騎在羊背上的國家」是澳洲畜牧業最好的形容（照片 16-9），十八世紀末已是世界羊毛的供應地。十九世紀隨冷凍設備及遠洋交通的改善，澳洲牛肉、乳製品也成為重要的外匯收入之一；近年來，在牧羊帶的南緣，為提高土地利用價值及降低市場風險，部分轉為混合農業；而東南沿海，因靠近市場發展酪農業。

饕客筆記

澳洲主要農牧區——墨累大令盆地

澳洲大分水嶺以西，因為位於背風側，水源較不足，牧民開鑿自流井以因應缺水問題。自流井指地下水自動流出的水井，由於「受壓地下水」的水位高過水井口高度，水源會自動流出（圖 16-5）。墨累大令盆地藉此解決水源不足的問題，但錯誤的灌溉方式也可能造成土壤鹽鹼化。

→圖 16-5 自流井示意圖

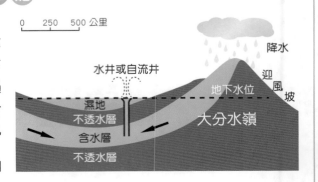

澳洲古陸塊的礦物資源蘊藏相當豐富（圖 16-6），讓澳洲成為全球礦產原料的重要供應地，充足的鐵、煤、石油及各類金屬礦成為重要的出口品，現為全球煤礦第 1 大出口國，鐵礦出口與黃金生產的第 2 大國、鈾礦及天然氣產量分居全球第 3 及第 4，為澳洲賺取不少外匯。

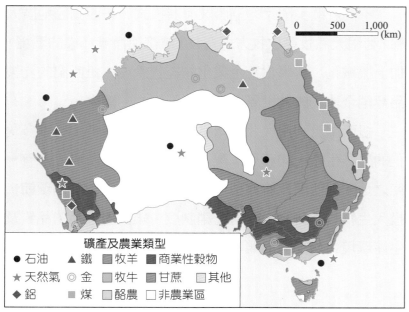

礦產及農業類型
- ● 石油　▲ 鐵　■ 牧羊　■ 商業性穀物
- ★ 天然氣　◎ 金　■ 牧牛　■ 甘蔗　□ 其他
- ◆ 鋁　■ 煤　■ 酪農　□ 非農業區

↑圖 16-6 澳洲礦產與土地利用分布圖

饕客筆記

澳洲夢幻工作

2009 年，澳洲昆士蘭旅遊局為了行銷大堡礁，推出「全世界最棒的工作」，向全世界招聘保育員，每天潛水、餵烏龜、看鯨魚，並且將所見所聞寫進部落格，作為大堡礁的一個行銷平臺。此工作吸引了各國媒體注目，國家地理頻道也將保育員生活拍成一系列紀錄片。廣告成功吸引全球的焦點，也為昆士蘭帶來約 25 億新臺幣的行銷產值，而後，澳洲再度推出 6 個夢幻工作，遍布不同省分，借用昆士蘭模式，再次讓澳洲成為全球的焦點。

玩樂達人

內陸冒險家

國家公園巡護員

野生動物看護員

生活時尚攝影師

品嘗大師

饕客筆記

生態農業 "ZESPRI®"

2000 年紐西蘭果農成立 ZESPRI® 紐西蘭奇異果公司,創立農業界「果農當家、自己未來自己創」的表率。ZESPRI® 強調生產的品質,並為所有出口的奇異果貼上 ZESPRI® 標籤作為認證。此外也強調蒐集消費者意見,了解市場趨勢,讓果園與市場零距離,跟上消費者的需求,因應各地生產出適合各地的奇異果。ZESPRI® 強調綠色種植,自 2002 年即提供完整的產品履歷身分證。

三 牛羊比人多的紐西蘭

紐西蘭優越的自然條件,成就畜牧業(照片 16–10)的蓬勃發展,畜牧產品為國家的經濟支柱,冷凍設備改善後,更加刺激紐西蘭酪農業的發展。早年以輸往英國為主,因而有「英國海外牧場」之稱。

不同於歐美國家的酪農業發展模式,紐西蘭因地廣人稀,利用天然牧草放牧方式畜養,標榜純淨無汙染的環境,加上機械化、科學化及企業化的經營管理,紐西蘭的乳製品行銷全球,成為世界大量出口乳製品的國家。

紐西蘭更利用與北半球生長季相反的優勢,從事多角化的農業生產,如蘋果、梨及奇異果在全球市場上占有一席之地。紐西蘭政府亦積極協助將農業生產的各個環節,投入生物科技研發,改善配銷制度,維護農產品的品質及生產環境,增加產品競爭力。

↓照片 16–10 紐西蘭畜牧業,以牧牛為主

四 與大地共存的永續發展

　　澳洲及紐西蘭對於環境的保育十分重視，島群國家也因為全球暖化的衝擊，對環境投入更多的關懷。澳洲是世界上最早設立政府環保部門的國家之一，早在 1970 年澳洲的維多利亞州便設立了環境保護局，至今政府每個層級都有專責的環保機構。澳洲也建立起十分完善的生態環境保護規定，依法辦理讓澳洲在維護生態環境的保育上有更完善的基礎。此外，面對全球暖化的威脅，澳洲也表達對世界的關心，在 2012 年成為少數徵收**碳稅**的國家。

　　紐西蘭在與環境和平共處上，也樹立良好的典範，其對於環保的認同，來自於原住民毛利人的傳統文化，人類只是擁有資源的使用權，且必須維護使其能「永續」使用。紐西蘭成立自然資源保育部，統籌管理廣達國土面積 30% 以上的國家公園及相關保護區（圖 16-7），並透過立法，以禁止核能及重工業的設立、減少溫室氣體的排放等方式保育生態環境，保留下優美的景致。觀光發展上，亦避免商業式的遊樂區開發，充分利用自然資源，發展出獨特的觀光活動。

↑圖 16-7　紐西蘭國家公園分布

饕客筆記

紐西蘭的極限運動

　　紐西蘭的發展不同於其他國家興建大型現代化樂園的模式，反而利用天然的火山、冰河地形，發展出各式各樣刺激的極限運動（照片 16-11）。

　　早在 1988 年，紐西蘭南島的皇后鎮，便已有全球首座高空彈跳場，攀岩、獨木舟、滑雪、衝浪等都是基本入門款；其他高空跳傘、噴射快艇、峽谷間的盪鞦韆等都吸引全球極限運動的愛好者前往。

↓照片 16-11　紐西蘭極限運動

▲高空跳傘　　▲太空球　　　　　　　　　　▲高空彈跳

↑照片 16-12 澳洲原住民吹奏傳統樂器

↑照片 16-13 紐西蘭毛利人戰時神情，用瞪眼和吐舌的表情來威嚇敵人

五 文化衝突與融合

澳紐早年為英國的殖民地，文化以英式文化為主流。澳洲政府於二十世紀初期，頒布**白澳政策**，限制歐洲白人以外的有色人種移入；也對澳洲的原住民施以**同化政策**。然而人口稀少的澳洲限制移居，造成國家發展上的停滯。後來澳洲政府調整移民政策，並向政策下成為「失落世代」道歉，還給原住民生活的空間，也讓原住民文化得以發揚保存（照片 16-12）。但長達百年的歧視已造成刻板印象，原住民要從弱勢翻身，仍有許多努力的空間。

紐西蘭雖也曾與毛利人發生衝突，但在政府尊重多元民族的政策方向下，毛利人（照片 16-13）在紐西蘭獲得高度的認同，擁有屬於自己族群的政黨，更有採行雙語教育的毛利語學校。讓毛利文化得以發揚，其傳統舞蹈表演更成為紐西蘭歡迎國家貴賓的重要表演。

六 區域結盟

澳紐雖早已脫離英國獨立，但仍為大英國協一員，與英國關係密切，反而與臨近的島群及亞洲國家疏離。1990年代，因英國加入歐盟，全球重視區域結盟的情況下，澳紐開始「脫歐入亞」，轉而與亞洲有更緊密的接觸。無論是移民政策的調整、打工度假及留學的開放，在國際事務上更促成亞太經濟合作會議 (APEC)，積極參與亞洲事務；而近年東協經濟體愈發成熟，澳紐亦投入參與合作，成為「東協＋5」的夥伴關係，再再都顯示澳紐發展方向的調整，與亞洲合作投入更多的努力，區域結盟成為發展重點。

饕 客 筆 記

換日線大挪移

　　大洋洲島國薩摩亞自 2011 年 12 月 29 日起，將國家時區從國際換日線的東方變換到西方。早年，薩摩亞為了與美國加州做生意，把換日線畫在該國的西方（圖 16-8），讓時間與美洲同一天；但由於全球區域貿易愈顯重要，薩摩亞的主要貿易夥伴也轉為中國、澳、紐等環太平洋的國家，因此更改國家的換日線，整整調快一天，讓時間與貿易國更為接近。

➔圖 16-8 薩摩亞更改國際換日線

牛|刀|小|試 16-2

打工度假

　　澳洲及紐西蘭近年成為臺灣前往打工度假的熱門國家，只要是 18 至 30 歲的年輕人，都可以申請長達一年的打工度假簽證。

　　打工度假的目的在於度假旅遊，增廣見聞拓展視野，打工只是讓自己在長期的旅途中，有賺取旅費的機會。但工作須自行尋找、前往面試，求職過程更是打工度假中另一種學習及成長，而不同的工作類型，也讓自己的生活體驗更加豐富。

1.如果有機會到澳、紐地區打工度假，依據當地的產業發展，你可能會找到哪些工作？工作的內容可能有哪些？

2.請同學上網瀏覽外交部網站 (http://www.mofa.gov.tw/) 查詢看看，除了澳洲以外，我們還可以前往哪些國家打工度假？

寵物? 野味? 畜產品?

袋鼠 Kangaroo

　　地處南半球的澳洲，因為其位置孤立遙遠，與其他大陸隔離演化，保留許多較原始的物種，其中最特別的就是繁衍至今的有袋類動物。早在歐洲人來到澳洲前，袋鼠便已生活於此，是澳洲少有的大型動物。袋鼠做為澳洲的象徵，不僅出現在國徽、貨幣圖案上，許多澳洲的組織團體，也將袋鼠作為其標誌。

　　早期澳洲的原住民將袋鼠視為重要肉類來源之一，至今澳洲的原住民仍留存著一整套捕食袋鼠的獨特手藝。歐洲人占領澳洲後，先後引進牛、羊、野兔等牲畜，改變了當地的飲食習慣，澳洲居民逐漸改吃畜牧產品。加上 1960 年代風靡全澳的電視連續劇《袋鼠 Skippy》，讓許多澳洲人有「袋鼠情結」，認為袋鼠太可愛、絕對不能上餐桌。

　　但袋鼠的繁殖能力很強，曾經的天敵也因人類活動而滅絕，牠們在人們為了放牧牛、羊而開闢的草場上成長，數量甚至多到超過澳洲的人口，政府不得不通過合法途徑，鼓勵獵人獵殺袋鼠，而副產品袋鼠肉也就順理成章出現在澳洲的店家及餐廳。現在澳洲每年捕獵的四種肉用袋鼠，但澳洲人口少且認為袋鼠肉的羶味較重，口感也不若牛肉、羊肉，加上袋鼠情結影響，因此有高達七成銷往國外，為澳洲賺取不少外匯。

歐洲野兔 Brown Hare

　　移民開闢草場、水池，和袋鼠一同受惠的還有歐洲人引進的野兔，而牠的到來，主要是供應給人們食用，但因為沒有天敵和競爭者（歐洲野兔的繁殖能力和適應能力遠大於澳洲許多古老的物種）而族群數量大增，高峰時期竟高達 100 億隻！除了與原生動物競爭生活資源與空間，野兔挖洞的特性也使得人、動物、農業機械墜入坑中的意外層出不窮；連草根、樹皮也啃食殆盡的環境衝擊更讓澳洲乾燥地區沙漠化更嚴重，為了控制野兔的數量，澳洲政府嘗試了各種方法。

　　早期使用獵殺和圍籬等方式，1901 年開始，耗時 6 年，建立總長 3,237 公里的三條圍籬（大約萬里長城長度的一半），花費新臺幣上千萬元，但是野兔驚人的跳躍和挖洞能力，總能在圍籬另一端再次爆炸性的增長，也因此在澳洲，私人飼養兔子可是要處以罰款呢！病毒防治是目前較有效的手段，但兔群也會逐漸產生抗藥性，科學家需要不斷培育新的病毒。

　　這場持續百年的人兔之戰，大概是當初歐洲人想都沒想到的意外災害！然而即使袋鼠與野兔已成為澳洲農業發展的困擾，撲殺方式卻也引起關注，如何在總量控制及動物保育上取得平衡，也成為澳洲政府得考量的問題！

＊未標示圖照皆來自「Shutterstock Images」

世界地形圖　編輯部繪

世界政區圖　編輯部繪

第 1 章　臺灣的位置與環境特色

圖 1–1　編輯部繪

圖 1–2　編輯部繪、Shutterstock

圖 1–3　編輯部繪

圖 1–4　編輯部繪

圖 1–5　編輯部繪、江正一繪、Wikipedia、Shutterstock

圖 1–6　編輯部繪

圖 1–7　鄭俊彥、陳曉玲、達志影像、Wikipedia

寰宇食堂　Wikipedia、Shutterstock

第 2 章　臺灣的產業

扉頁照片　達志影像

圖 2–1　編輯部繪。資料來源：《經理人》91 期

圖 2–2　編輯部繪。資料來源：財政部統計處。2022 年 6 月 22 日

圖 2–3　編輯部繪。資料來源：財政部統計處。2022 年 6 月 22 日

表 2–1　財政部統計處。2022 年 6 月 22 日

照片 2–1　中央社

照片 2–2　陳凱荻

照片 2–3　陳凱荻

照片 2–5　編輯部

照片 2–6　陳凱荻

照片 2–7　聯合報系

照片 2–9　國家發展委員會

照片 2–10　國立科學工藝博物館

照片 2–11　聯合報系

照片 2–12　編輯部

照片 2–13　華星光電

照片 2–16　聯合報系

照片 2–17　陳凱荻

照片 2–18　陳凱荻

照片 2–21　陳凱荻

第 3 章　臺灣的區域發展

圖 3–1　編輯部繪

圖 3–2　編輯部繪

圖 3–3　編輯部繪

圖 3–4　編輯部繪、鄭俊彥、達志影像、Wikipedia、Shutterstock

圖 3–5　編輯部繪

圖 3–6　編輯部繪、鄭俊彥、達志影像、Shutterstock

圖 3–7　編輯部繪、達志影像、Shutterstock

圖 3–9　編輯部繪、鄭俊彥、達志影像、高雄市政府都市發展局、Shutterstock

圖 3–10　編輯部繪、達志影像、Shutterstock

圖 3–11　編輯部繪、Shutterstock

第 4 章　中國的區域、人口與都市

圖 4–1　編輯部繪。資料來源：《中國統計年鑑 2021》。2022 年 2 月 11 日

圖 4–2　編輯部繪

圖 4–3　編輯部繪

圖 4–4　樂多日誌

圖 4–5　簡志剛繪

圖 4–6　編輯部繪

照片 4–1　Wikipedia

照片 4–4　Wikipedia

照片 4–6　Wikipedia

照片 4–8　Wikipedia

照片 4–13　Wikipedia

寰宇食堂　Wikipedia、Shutterstock

牛刀小試 4–1　簡志剛繪

第 5 章　中國的產業

圖 5–1　編輯部繪

圖 5–2　編輯部繪

圖 5–3　編輯部繪

圖 5–4　編輯部繪

照片 5–3　Wikipedia

照片 5–8　Wikipedia

照片 5–10　Wikipedia

照片 5–11　Wikipedia、Shutterstock

照片 5–17　AP Photo/Ng Han Guan

第 6 章　中國的環境問題與對策

扉頁照片　達志影像

圖 6–1　編輯部繪

圖 6–2　編輯部繪

圖 6–3　編輯部繪

圖 6–4　編輯部繪。資料來源：中國科學資源環境科學與數據中心。2022 年 7 月 8 日

照片 6–1　Getty Images

照片 6–2　廖偉國

照片 6–4　廖偉國

照片 6–6　法新社

照片 6–7　廖偉國

照片 6–8　Wikipedia

照片 6–10　NASA

照片 6–14　廖偉國

照片 6–15　關注森林網

照片 6–16　廖偉國

第 7 章　東　亞

圖 7–1　洪挺晏繪

圖 7–2　編輯部繪

圖 7–3　編輯部繪

圖 7–4　編輯部

圖 7–5　編輯部繪、Shutterstock

表 7–1　日本財務省貿易統計局。2022 年 6 月 24 日

表 7–2　世界銀行。2022 年 7 月 7 日

照片 7–4　Reuters

照片 7–10　編輯部

照片 7–11　Wikipedia、Shutterstock

照片 7–14　Wikipedia

照片 7–18　Wikipedia

照片 7–19　NASA

照片 7–20　編輯部

寰宇食堂　Wikipedia、Shutterstock

第 8 章　東南亞

圖 8–1　洪挺晏繪

圖 8–2　編輯部繪

圖 8–3　編輯部繪

圖 8–4　編輯部繪

圖 8–5　編輯部繪

圖 8–6　編輯部繪

圖 8–7　編輯部繪

圖 8–8　編輯部繪。資料來源：勞動部勞動統計查詢網。2022 年 6 月 27 日

圖 8–9　編輯部繪。資料來源：行政院內政部移民署。2022 年 6 月 27 日

圖 8–10　編輯部繪

圖 8–11　編輯部繪。資料來源：經濟部國際貿易局。2022 年 6 月 28 日

圖 8–12　編輯部繪

表 8–1　編輯部

照片 8–3　DigitalGlobe

照片 8–5　Wikipedia

照片 8–12　鄭俊彥

照片 8–13　達志影像

照片 8–14　鄭俊彥

寰宇食堂　鄭俊彥、Shutterstock

第 9 章　南　亞

圖 9–1　洪挺晏繪

圖 9–2　編輯部繪

圖 9–3　編輯部繪

圖 9–4　編輯部繪

圖 9–5　編輯部繪

圖 9–6　編輯部繪、Wikipedia

照片 9–5　Scenery Wallpapers

照片 9–7　達志影像

照片 9–8　達志影像

照片 9–9　達志影像

照片 9–11　Getty Images

照片 9–13　達志影像

第 10 章　西　亞

圖 10–1　洪挺晏繪

圖 10–2　編輯部繪

圖 10–3　編輯部繪

圖 10–4　編輯部繪

圖 10–5　編輯部繪

圖 10–6　編輯部繪。資料來源：BP p.l.c.。2020 年 8 月 18 日

圖 10–7　編輯部繪。資料來源：美國能源資訊局。2020 年 8 月 18 日

圖 10–8　編輯部繪。資料來源：石油輸出國家組織。2022 年 2 月 11 日

圖 10–9　編輯部繪

照片 10–2　Wikipedia

照片 10–7　達志影像

照片 10–12　iStockphoto、Shutterstock

第 11 章　歐　洲

圖 11–1　洪挺晏繪

圖 11–2　編輯部繪

圖 11–3　編輯部繪

圖 11–4　編輯部繪

圖 11–5　編輯部繪

圖 11–6　編輯部繪

圖 11–7　編輯部繪。資料來源：EU。2022 年 7 月 4 日

圖 11–8　編輯部繪。資料來源：EU。2022 年 7 月 4 日

圖 11–9　編輯部繪。資料來源：世界銀行。2022 年 7 月 4 日

圖 11–10　編輯部繪。資料來源：EUROSTAT。2022 年 7 月 4 日

圖 11–11　編輯部繪